使える
mushroom
きのこ
レシピ

柴田書店

mushroom

秋の味覚というイメージの強いキノコですが、
松茸など一部のものを除き、
多くがほぼ一年中売られており、毎日の食事作りに取り入れやすい食材です。
低カロリーで食物繊維が豊富なため、ダイエット食材としては人気でしたが、
最近は、その他の栄養面での評価も高まり、健康や美容に役立つ成分を
多く含む健康食品として、再注目されているようです。
そこで本書では、和食、フレンチ、イタリアン、中華の4人のシェフたちに、
いろいろなキノコをおいしく活かした魅力的な料理を、他数ご紹介いただきました。
すぐにでも食卓に並べたい、短時間で作れる簡単な料理から、
ちょっとしたおもてなしにも使えるおしゃれな料理まで盛りだくさん。
プロならではのアイデアや、
おいしく作るコツもたっぷり教えていただきました。
ぜひお役立てください。

和	仏	伊	中

japanese	french	italian	chinese
日本橋 ゆかり	ル・マンジュ・トゥー	トラットリア・ビコローレ・ヨコハマ	szechwan restaurant 陳
野永喜三夫	谷 昇	佐藤 護	菰田欣也

しいたけ

- しいたけと手羽先の煮物（野永） ……… 8
- しいたけといんげんと豚ばら肉の味噌マヨ和え（野永） ……… 10
- しいたけたっぷり親子丼（野永） ……… 11
- しいたけ入り肉団子（菰田） ……… 12
- しいたけのえびのすり身のせ揚げ（菰田） ……… 13
- リグーリア風 しいたけとじゃがいものオーブン焼き（佐藤） ……… 14
- サルシッチャを詰めたしいたけのロースト（佐藤） ……… 15
- ちいたけ、丹波しめじ、赤ワイン、パルミジャーノのリゾット（佐藤） ……… 16
- スパゲッティ 乾燥しいたけとツナのポスカイオーラ（佐藤） ……… 17
- 干ししいたけの甘味噌炒め（菰田） ……… 18
- 干ししいたけと筍のオイスターソース煮込み（菰田） ……… 20

しめじ

- しめじとピーマンの塩昆布和え（野永） ……… 21
- 大黒しめじ、モルタデッラ、スパゲッティのスピエディーノ（佐藤） ……… 22
- きのこ、サラミ、タレッジョ・チーズのクレッショーニ（佐藤） ……… 23
- しめじと豚ばら肉の生姜焼き（野永） ……… 24
- しめじのスパイシー炒め（菰田） ……… 25
- しめじとじゃがいものバター醤油炒め（野永） ……… 28
- しめじとザーサイの炒め物（菰田） ……… 28
- しめじと豚肉の赤の他人丼（野永） ……… 29
- しめじとじゃがいものアニョロッティ しめじのバターソース（佐藤） ……… 32

舞茸

- 舞茸とあさりの酒蒸し（野永） ……… 33
- 舞茸といかの味噌マヨ和え（野永） ……… 33
- 舞茸のフリット（菰田） ……… 36
- 舞茸の素揚げ カリカリパウダーがけ（菰田） ……… 36
- 舞茸とベーコンのすり流し（野永） ……… 37
- きのこのフリッタータ（佐藤） ……… 37

エリンギ・あわび茸

- エリンギと鶏もも肉の照り焼き（野永） ……… 40
- エリンギと帆立と小蕪の煮物（野永） ……… 42
- エリンギたっぷり牛丼（野永） ……… 43
- エリンギチャーハン（菰田） ……… 44
- エリンギ茸のクリーム煮込み（菰田） ……… 46
- あわび茸のアックアパッツァ（佐藤） ……… 47
- 卵のクレープパスタ あわび茸とパンチェッタのクリームソース（佐藤） ……… 48

えのき

- えのき茸入り野菜炒め（菰田） ……… 50
- えのき茸の煮込み わさび風味（菰田） ……… 51
- えのきとニラのナムル（野永） ……… 52
- えのきと小松菜とちくわの煮浸し（野永） ……… 53
- えのきの簡単なめたけ（野永） ……… 54

えのき茸の湯葉巻き (菰田) ……………………………………… 55
　　やなぎ松茸、えのき茸を詰めた、鶏もも肉のインボルティーニ (佐藤) …… 56
　　スパゲッティーニとえのき茸 (谷) ………………………………… 57
　　山えのき、いとより、じゃがいも、レモン、ローズマリーの白ワイン蒸し (佐藤) …… 57

なめこ
　　なめこと芽かぶと酢だこの和え物 (野永) ………………………… 60
　　なめこと鶏ささみの海苔わさび和え (野永) ……………………… 60
　　なめこ、オクラ、長いも、納豆、たくあんのネバうま和え (野永) …… 61
　　ブロッコリーの蟹となめこのあんかけ (菰田) …………………… 61
　　なめこ入りホットサワースープ (菰田) …………………………… 64
　　なめこと柿の木茸のトマトゼリー寄せ (佐藤) …………………… 64

マッシュルーム
　　マッシュルームと鶏肉の煮込み (菰田) …………………………… 65
　　マッシュルームのカルパッチョ ゴルゴンゾーラソース りんごとクルミ添え (佐藤) …… 68
　　マッシュルームの葱ソース和え (菰田) …………………………… 69
　　トマトのカルパッチョとシャンピニオンフレッシュ (谷) ……… 69
　　フジローニ マッシュルームのラグー (佐藤) …………………… 72
　　マッシュルームのカプチーノ ポルチーニのマドレーヌ添え (佐藤) …… 73

きくらげ・はなびら茸
　　きくらげ、はなびら茸、豚スペアリブのマルサラ酒煮込み (佐藤) … 76
　　きくらげのピリ辛和え (菰田) ……………………………………… 77
　　レタスときくらげのオイスターソース炒め (菰田) ……………… 77
　　えびとはなびら茸の塩味炒め (菰田) ……………………………… 80
　　はなびら茸と挽き肉のパラパラ炒め (菰田) ……………………… 81

やまぶし茸
　　やまぶし茸の干し貝柱煮込み (菰田) ……………………………… 82
　　やまぶし茸入りスープ (菰田) ……………………………………… 83

松茸・ポルチーニ（ドライ）
　　松茸たっぷりスープ (菰田) ………………………………………… 84
　　松茸と魚介のカルトッチョ (佐藤) ………………………………… 85
　　松茸と豚肩ロース肉の黒こしょう炒め (菰田) …………………… 86
　　ドライポルチーニのソースとタレッジョ・チーズ入りポレンタ (佐藤) …… 88

ミックス ［ フレンチ・イタリアン ］
　　ポーチドエッグといろいろきのこ (谷) …………………………… 89
　　・キノコのソテー (谷) ……………………………………………… 90
　　・キノコのピュレー (谷) …………………………………………… 91
　　玉子のブルイエ (谷) ………………………………………………… 92
　　きのことじゃがいものソテー (谷) ………………………………… 93
　　冷製マカロニときのこのサラダ仕立て (谷) ……………………… 94
　　いろいろきのこのサラダ (谷) ……………………………………… 95
　　きのこのスープ (谷) ………………………………………………… 96

するめいかのグリエときのこ (谷) ……………………… 96
なすときのこのタルト (谷) …………………………… 97
帆立貝のラビオリ (谷) ………………………………… 100
いろいろきのこのタルタル仕立て (谷) ………………… 101
きのこのテリーヌ (谷) ………………………………… 101
きのこの春巻きロースト (谷) ………………………… 104
きのこを使ったクロックムッシュ風 (谷) ……………… 105
きのこのムース (谷) …………………………………… 105
きのこのベックオフ風 (谷) …………………………… 108
いっぱいきのこのビーフミロトン (谷) ………………… 109
きのこカレー (谷) ……………………………………… 109
ポーピエット (谷) ……………………………………… 112
きのこのパルマンティエ (谷) ………………………… 113
きのこのキッシュ (谷) ………………………………… 114
生ハムときのこのラザーニア仕立て (谷) ……………… 115
いろいろきのこのシャーベット (谷) …………………… 116
きのことショコラ (谷) ………………………………… 117
鶏のコンソメ　きのこ風味 (谷) ……………………… 118
いろいろなきのこのソットオーリオ (佐藤) …………… 120
きのこ、生ハム、セージのサルティンボッカ (佐藤) … 122
きのことパンのグリル　ラルドのペースト添え (佐藤) … 122
アオスタ風きのことパンのグラタン (佐藤) …………… 123
いろいろなきのこのトルタサラータ (佐藤) …………… 126
4種きのこと鶏レバーの赤ワイン煮込み (佐藤) ……… 127
きのことトリッパの煮込み (佐藤) ……………………… 130
具だくさんのきのこ、トマト、赤玉ねぎのスープ (佐藤) … 131
3種のきのこと仔羊のカッチャトーラ (佐藤) ………… 131

ミックス［和食］

きのこのキンピラ (野永) ……………………………… 134
きのこの甘酢漬け (野永) ……………………………… 134
きのこのトマト味噌煮　カレー風味仕立て (野永) …… 135
きのことじゃこの和風チャーハン (野永) ……………… 138
きのこと豚ばら肉の炊き込みご飯 (野永) ……………… 139
きのこの沢煮椀 (野永) ………………………………… 139

- 本書中のカップ1は200cc、大さじ1は15cc、小さじ1は5ccです。
- レシピ中に無塩バターとあり、有塩バターを使う場合は、その分塩を控えるなどして調整してください。
- 佐藤さんのレシピ中の00粉は、挽き目の細かいイタリアの小麦粉です。なければ強力粉と薄力粉を半々で混ぜ合わせて使用してください。
- 塩ゆでの際の塩や炒めるための油などは、材料表への記載を省略している場合があります。
- 菰田さんのレシピ中の「鍋」はおもに中華鍋を使用しています。なければ深めのフライパンなど、お手持ちのものをご使用ください。

撮影　海老原俊之
デザイン　野本奈保子 (ノモグラム)
編集　長澤麻美

参考ウェブサイト　Kinokonojikan.com　きのこのじかん　/　www.yasainavi.com　野菜ナビ　/　www.wakasanohimitsu.jp　わかさの秘密

使えるきのこレシピ mushroom

しいたけ	8
しめじ	21
舞茸	33
エリンギ・あわび茸	40
えのき	50
なめこ	60
マッシュルーム	65
きくらげ・はなびら茸	76
やまぶし茸	82
松茸・ポルチーニ（ドライ）	84
ミックス［フレンチ・イタリアン］	89
ミックス［和食］	134

しいたけ

特に和食や中華料理ではよく使われる、身近なキノコです。
栽培ものには、原木に菌を植え付ける原木栽培と菌床栽培のものがあり、
大きさや厚さもさまざまなものが出回っていますので、
料理やお好みにより選んでください。また、この本では
干しシイタケも使用しています。旨みや栄養が凝縮された干しシイタケには、
生とはまた違ったおいしさがあります。

しいたけと手羽先の煮物

"かつお蓋"がポイント。だしをとると同時に煮含められ、落とし蓋にもなり、アクも引けると"一石三鳥"の活躍です。
（料理／野永喜三夫）

材料（作りやすい量）

シイタケ … 2パック（12個）
鶏手羽先 … 8本
A
| だし汁 … 900g
| 醤油 … 大さじ2
| みりん … 大さじ4
| 塩 … 小さじ1/4
かつお節 … 5g
三つ葉（あれば）… 少量

ポイント

・煮る前に、手羽先においしそうな焼き目がつくまで焼いておく。
・かつお蓋は中央に穴を開けることにより、浮き上がらず、煮汁がうまく対流する。
・煮上がったら一度冷ましておき、食べるときに再度温めることで味が入る。朝作り、昼や夜に食べるようにするとよい。

作り方

1. シイタケは石づきを切り落とし、縦4つ割に切る。
2. 鍋に手羽先を皮目を下にして入れ、中火で焼き目がつくまで焼く。
3. 2に1のシイタケと**A**を入れる。
4. "かつお蓋"を作る。1枚のペーパータオルの上に、かつお節を丸く円を描くようにのせ、上からペーパータオルをもう1枚かぶせる（ab）。
5. 4のかつお蓋を3にかぶせるようにのせ、角を内側に折り込んで、中央に箸で穴を開ける（c）。鍋に蓋はせず、中火で煮る。
6. 材料に火が入り、煮汁が半量ほどになったら（d）火からおろし、そのまま冷ましておく。冷めたらかつお蓋を絞り、含んだ煮汁を絞り入れる。
7. 食べるときに再び温めて器に盛り、三つ葉を添える。

a

b

c

d

しいたけといんげんと豚ばら肉の味噌マヨ和え

おつまみにも副菜にも使える一品。
味噌とマヨネーズを合わせるだけでできる"味噌マヨ"は、
手軽でおいしく、いろいろな料理に使えてとても便利。
（料理／野永喜三夫）

材料（2人分）

シイタケ … 2パック（12個）
インゲン … 150g
豚バラ肉（スライス）… 200g
味噌マヨネーズ
　合わせ味噌 … 30g
　マヨネーズ … 100g
花穂ジソ（好みで）… 少量

ポイント

・冷たいフライパンに材料を入れて水を加え、ほぐしてから火にかけることにより、豚バラ肉から脂が出るので油をひく必要はなく、ヘルシーに仕上がる。
・味噌マヨネーズを作る際は、マヨネーズを少しずつ加えて混ぜるとダマになりにくい。
・食べる直前に和えたほうがよい。
・炒めた材料を常温に冷ましてから和える。ただし冷蔵庫などで冷やしすぎると豚の脂が固まり、味噌マヨネーズとよくなじまないので注意。

作り方

1．インゲンはヘタを切り落として半分に切る。豚肉は6等分の長さに切る。シイタケは石づきを切り落とし、縦4つ割に切る。
2．冷たいフライパンに1をすべて入れ、大さじ2の水を加えて箸でほぐすように混ぜてから中火にかけ、水で蒸し炒めにする。
3．水気が飛んで材料に火が入ったら、火からおろして冷ましておく。
4．3を冷ましている間に味噌マヨネーズを作る。ボウルに味噌を入れ、マヨネーズを2、3回に分けて加えながらよく混ぜる（a）。
5．3が常温に冷めたら4を加えて和える。器に盛り、好みで花穂ジソを添える。

しいたけたっぷり親子丼

玉ネギの代わりにシイタケを使った親子丼。シイタケは軸ごと使うとむだが無く、食感もよく、見た目もキノコらしくてかわいらしいのでおすすめ。
(料理／野永喜三夫)

材料（2人分）

シイタケ … 1パック（6個）
鶏モモ肉 … 1枚（200〜250g）
ご飯 … 丼2杯分
卵 … 4個
A
　だし汁 … 70g
　みりん … 50g
　醤油 … 30g
　砂糖 … 10g
三つ葉（あれば）… 少量

ポイント

・鶏肉は、繊維に沿って4等分に切ってから、繊維を断ち切るように1cm角に切るとよい。小さめに切ったほうが火が入りやすく、食べやすい。身の厚い部分には、あらかじめ包丁で切り目を入れておく。
・まだ冷たい調味料に入れてから火にかけると、鶏肉がやわらかく仕上がり旨みも出る。
・好みで粉山椒や七味をふって食べてもよい。

作り方

1. シイタケは石づきを切り落とし、縦6〜8等分のくし形に切る。
2. 鶏モモ肉は、指で触って軟骨があれば取り除き、1cm角ほどに切る。
3. 卵は合わせて溶いておく。
4. Aを鍋に入れて混ぜ、砂糖が溶けたら1のシイタケと2の鶏肉を入れて中火にかける。5分ほどして沸いてから、更に5分ほど煮て鶏肉に火を入れる（煮汁は少し煮詰まった状態になる）。中火にかけたまま味を確認し（卵が入るので、少し濃いめでよい）、3の卵の1/3量を、のの字を書くようにまわし入れ、十字を切るように箸を入れる。ひと煮立ちしたら、更に1/3量の卵を同様に加え、再びひと煮立ちしたら残りの卵をまわし入れる。
5. 丼に盛ったご飯に4をのせ、三つ葉を添える。

しいたけ入り肉団子

肉団子にシイタケとクミンを加えることで、香りがよくなります。
揚げた香ばしさも加わり、香り豊かな料理です。
(料理／菰田欣也)

材料(2人分)

豚挽き肉 … 200g
シイタケ … 2個
A
　塩 … 小さじ1/4
　コショウ … 少量
　醤油 … 小さじ1/4
　オイスターソース … 小さじ1/4
　クミンパウダー … 小さじ1/3
　生姜(みじん切り) … 小さじ1/2
　ニンニク(みじん切り) … 小さじ1/3
日本酒 … 大さじ2
片栗粉 … 小さじ2
揚げ油(サラダ油) … 適量
ベビーリーフ … 20g

作り方

1. シイタケは軸を切り落とし、6mm角に切る。
2. ボウルに豚挽き肉とAを入れてしっかり混ぜた後(a)、日本酒を2回に分けて加えて混ぜ、最後に片栗粉と1のシイタケを加えて更に混ぜる(b)。
3. 2を適当な大きさに丸め(c)、160℃の油で2～3分揚げる(d)。
4. 器にベビーリーフを敷き、3を盛り付ける。

a
b
c
d

しいたけ

しいたけのえびのすり身のせ揚げ

詰め物をして揚げることでぐっとボリュームが出て、
シイタケの香りも楽しめます。すり身に加えた香菜がおいしい。
（料理／菰田欣也）

材料（2人分）

シイタケ … 4個
むきエビ … 8尾（100g）
香菜 … 1本分（10g）
A
　塩 … 小さじ1/5
　コショウ … 少量
　日本酒 … 大さじ2
片栗粉 … 小さじ1
コーンスターチ … 適量
揚げ油（サラダ油）… 適量

ポイント

カサの内側に片栗粉をつけておくと、詰め物がはがれにくい。

作り方

1. シイタケは軸を切り落とし、カサの内側に薄く片栗粉（分量外）をまぶす。
2. エビは包丁で細かくたたく。香菜はみじん切りにする。
3. ボウルに2のエビとAを入れて混ぜ、粘りを出す。香菜と片栗粉を加え、更に混ぜる。
4. 3のすり身を1のシイタケの内側に詰め（ab）、表面にコーンスターチをまぶす。
5. 4を、170℃の油でじっくり揚げる（約3〜4分）。
6. 油を切り、半分に切り分けて器に盛る。

a

b

しいたけ

リグーリア風 しいたけとじゃがいものオーブン焼き

それぞれの素材の味が他に移り、お互いがおいしくなるのが重ね焼きの魅力です。
（料理／佐藤 護）

材料（3〜4人分）

シイタケ（カサの部分）… 6枚
ジャガイモ … 3個
A
 シイタケ（軸の部分。みじん切り）
  … 6本分
 イタリアンパセリ（みじん切り）… 1束分
 タイム（みじん切り）… 7g
 ローズマリー（みじん切り）… 3g
 マジョラム（みじん切り）… 3g
 ニンニク（みじん切り）… 1/2粒分
 パルミジャーノ・レッジャーノ・チーズ
  （すりおろし）… 適量
 塩、コショウ … 各少量
 ＊すべてボウルに入れて混ぜ合わせる。
オリーブ油 … 適量
塩、黒コショウ … 各適量

ポイント

シイタケは火を入れると縮んでしまうので、キャセロールいっぱいに並べる。

作り方

1. シイタケのカサは縦3mm厚さに切る。ジャガイモは皮をむき、2mm厚さに切って水にさらす。
2. キャセロールにオリーブ油をたっぷり塗り、1のジャガイモを半量敷き詰め、混ぜ合わせておいた**A**を半量ふり、1のシイタケを半量並べて覆い、塩、コショウ、オリーブ油をふる。この作業をもう一度繰り返す。
3. 180℃に熱したオーブンで35〜40分、焼き色がつくまで焼く。イタリアンパセリのみじん切り（分量外）をふる。

サルシッチャを詰めたしいたけのロースト

スパイスを混ぜた豚挽き肉を、シイタケのカサに詰めて焼きます。
(料理/佐藤 護)

材料(2個分)

シイタケ … 2個
サルシッチャ(作りやすい量)
  豚挽き肉 … 500g
  ローズマリー(みじん切り) … 2枝分
  ニンニク(すりおろし) … 1/2粒分
  塩、コショウ … 各適量
ニンニク(縦半分に切り、芯を除く)
  … 1/2粒
ローズマリー … 2本
タイム … 1本
薄力粉 … 適量
オリーブ油、塩 … 各適量
レモン(くし形切り) … 適量

ポイント

サルシッチャとシイタケの旨みを逃がさないようにローストする。焼きすぎるとシイタケが小さくなってしまうので注意する。

作り方

1. サルシッチャの材料をすべて混ぜ合わせる。
2. シイタケは軸を切り取る。軸はみじん切りにして1のサルシッチャに混ぜる。シイタケのカサの表面に十字に切り込みを入れる(火の通りをよくするため)。カサの内側に軽く薄力粉をまぶし、サルシッチャを詰める。
3. フライパンにオリーブ油とニンニクを入れて弱火にかける。香りが立ったらローズマリー、タイムも加えて更に香りを出す。
4. 2のシイタケを、サルシッチャを詰めた側を下にして3に入れる。途中で裏返して両面とも焼いたら、カサのほうに塩をする。180℃のオーブンに入れ、10分ほど加熱して火を入れる。
5. 皿に盛り、レモンを添える。

ちいたけ、丹波しめじ、赤ワイン、パルミジャーノのリゾット

イタリア風キノコの炊き込みご飯。
赤ワインの代わりに白ワインを使ってもおいしくできます。
(料理／佐藤 護)

材料（4人分）

キノコ
　チイタケ（石づきを切り落とし、
　　縦半分に切る※）… 80g
　丹波シメジ（石づきを切り落とし、
　　1本ずつに分ける※）… 80g
米 … 100g
エシャロット（みじん切り）… 30g
赤ワイン … 50cc
ブロード（鶏ガラスープ）… 400cc
無塩バター … 30g＋30g
塩、コショウ … 各適量
パルミジャーノ・レッジャーノ・チーズ
　（すりおろし）… 20g

※チイタケ：天然品種のシイタケ。通常のシイタケにくらべ小型だが、旨みが凝縮されている。
※丹波シメジ：京都産ハタケシメジの商品名。

作り方

1. 鍋にバター30gを熱し、エシャロットを入れて弱火で炒める。洗っていない米を入れて炒め、赤ワインを加えて香りをつける。
2. 1にキノコを入れ、ブロードを数回に分けて加えながら火を入れていく（ときどき混ぜる）。米に火が通ったら塩、コショウで味を調え、仕上げにバター30gとパルミジャーノ・チーズを加える。
3. 器に盛り、パルミジャーノ・チーズ（分量外）をすりおろしてかける。

ポイント

米がアルデンテに炊き上がるよう、ブロードを継ぎ足しときどきかき混ぜながら火を入れる。

チイタケ

スパゲッティ 乾燥しいたけとツナのボスカイオーラ

ボスカイオーラは「きこり風」という意味。缶詰のツナの見た目が
木の切り株に見えることから、ツナを使い、
そこに山の恵みのキノコを加えた料理が「きこり風」となったともいわれます。
本来はドライポルチーニで作りますが、ここでは干しシイタケで。
(料理/佐藤 護)

材料（2人分）

スパゲッティ（乾燥）… 160g
干しシイタケ … 150g
ツナ（油漬け缶詰）… 200g
塩 … 適量
A
　玉ネギ（みじん切り）… 1/2個分
　ニンニク（みじん切り）… 1/2粒分
　タカノツメ（みじん切り）… 1/2本分
オリーブ油 … 適量
トマトホール … 500g
赤ワイン … 150cc
ケッパー（酢漬け）… 5g
イタリアンパセリ（粗みじん切り）… 1本分

作り方

1. 干しシイタケはボウルに入れ、ひたひたの水に1時間浸けておく。
2. 鍋にオリーブ油とAの材料を入れて火にかけ、じっくり炒めてソフリットにする。
3. 2に余分な油を切ったツナを加えて炒める。更に1のシイタケの水気を切り（戻し汁は取りおく）、薄切りにして加え炒める。塩をする。
4. 3に赤ワインを注ぎアルコールを飛ばす。トマトホールをムーラン（漉し器）で裏漉して加え、シイタケの戻し汁もすべて加える。ケッパーを加えて30分ほど煮込む。
5. 塩を加えた湯でゆで上げたスパゲッティを、4のソースで和えて皿に盛り、オリーブ油とイタリアンパセリをふる。

ポイント

- ポルチーニを使用すれば、よりイタリアらしくなる。
- 水分が多いソースなので、しっかり煮詰めることがポイント。

干ししいたけの甘味噌炒め

干しシイタケの旨みを活かし、肉に見立てて作った料理です。
しっかり味つけしたシイタケに、さっぱりとしたネギとキュウリをたっぷり添えて。
(料理／菰田欣也)

材料（2人分）

干しシイタケ（大）…2枚
　＊水に浸けて戻しておく。
長ネギ（白い部分）…1本
キュウリ…1本
ニンニク（みじん切り）…小さじ1/5
A
　紹興酒…小さじ2
　醤油…小さじ1/3
　甜麺醤（テンメンジャン）…大さじ1
　ゴマ油…小さじ1/3
　＊合わせておく。
コーンスターチ…適量
揚げ油（サラダ油）…適量

作り方

1. 長ネギとキュウリは、それぞれ極細に切る。
2. 戻した干しシイタケの表面の水分をふき取り、軸を切り落とす。
3. 2をまな板におき、端から包丁を入れてうずを描くように切っていき、細長い1本のひも状にする（ab）。
4. 3を4cm長さほどに切り（c）、布巾とペーパータオルで水気をしっかり取っておく（d）。
5. 4にコーンスターチをまぶし（e）、表面に軽く水をうち、170℃に熱した油でカリッと揚げて、取り出す。
6. 油をあけた5の鍋にニンニクを入れて炒め、香りが立ったら5のシイタケとAを入れて炒める。
7. 6を器に盛り、1を添える。

ポイント

・シイタケをひも状に切ってから切り分けることで、大きさを揃えることができる。
・シイタケはしっかり水気を取り除いてコーンスターチをつけて揚げることで、いつもと違う食感が生まれる。

しいたけ

干ししいたけと筍のオイスターソース煮込み

これぞ干しシイタケといった王道の食べ方。
乾燥させて旨みを凝縮させた素材で作る、中国料理ならではの技法で、
ふっくらジューシーな干しシイタケのおいしさが楽しめます。
（料理／菰田欣也）

材料（2人分）

干しシイタケ（大）… 2枚
　＊水に浸けて戻しておく（a）。
タケノコ（ゆでたもの）… 1個
長ネギ … 1本
A
  鶏ガラスープ … 200cc
  牛乳 … 大さじ1/2
  砂糖 … 小さじ1
  酒 … 大さじ1
  醤油 … 小さじ1
  オイスターソース … 小さじ1
  コショウ … 少量
水溶き片栗粉 … 小さじ1
サラダ油 … 小さじ1
ゴマ油 … 小さじ1/4

作り方

1. 戻した干しシイタケは、それぞれ4等分に切る。タケノコは、6〜8等分のくし形に切る。長ネギは、食べやすいよう横に等間隔の包丁目を入れた後、4〜5cm長さに切る。
2. 鍋にサラダ油をひいて1の長ネギを入れ、香りが出るよう弱火で炒める。
3. 2に1のシイタケ、タケノコ、**A**を加え、弱火で5分ほど煮る。
4. いったん火を止めて水溶き片栗粉を加え、再び沸かしてとろみをつける。仕上げにゴマ油を加える。

ポイント

食感の違うタケノコを加えることで、メリハリがついてよりおいしくなる。

a

しめじ

「シメジ」とは、本来は野生のホンシメジを指す呼び名でした。
しかし、かつてヒラタケやブナシメジが
ホンシメジとして売られていたこともあり、定義が曖昧なキノコでした。
＊この本で単に「シメジ」とある場合は、現在一般的にシメジとして売られているものとします。

しめじとピーマンの塩昆布和え

塩昆布がいい調味料になります。
ちょっとしたおつまみにも、常備菜としても便利です。
（料理／野永喜三夫）

材料（作りやすい量）

シメジ … 1パック（200g）
ピーマン … 100g（ヘタと種を除いた重さ）
塩昆布（細切り）… 15g
煎り白ゴマ … 小さじ1
ゴマ油 … 大さじ1

ポイント

・最初に油をひかずに水を加えて火を入れることにより、後から加えるゴマ油が活きる。
・色が飛ばないように、蓋をせずに火にかける。

作り方

1. シメジは石づきを切り落とし、1本ずつにほぐす。
2. ピーマンは縦半分に切り、ヘタをV字に切り取って種を除き、縦に細切りにする（大きければ半分の長さに切る）。
3. 冷たいフライパンに1と2を入れ、大さじ2の水を加えて中火にかける。
4. 水分が飛び、音が炒める音に変わってきたら、塩昆布と煎りゴマ、ゴマ油を加える。なじんだらでき上がり。

大黒しめじ、モルタデッラ、スパゲッティのスピエディーノ

大ぶりにカットしたキノコとハム（モルタデッラ）で作る、
イタリア風串カツです。串に見立てたスパゲッティごと食べられます。
（料理／佐藤 護）

材料（3人分）

大黒シメジ（※）… 40g
モルタデッラ … 100g
A
 卵 … 1個
 小麦粉（00粉※）… 3g
 ＊合わせて溶く。
パン粉 … 適量
スパゲッティ … 3本
サルサヴェルデ
 ゆで卵 … 1個
 白ワインビネガー … 30cc
 オリーブ油 … 50cc
 ケッパー（酢漬け）… 小さじ1
 アンチョビー（フィレ）… 2本
 パン粉 … 30g
 イタリアンパセリ … 1束
 フレンチマスタード … 小さじ1
 塩、コショウ … 各少量
 ＊すべての材料を合わせてミキサーにかける。
レモン（1/8くし形切り）… 1個
揚げ油 … 適量

※大黒シメジ：茶色いカサに、白く太い軸をもち、味がよく食べ応えもあるキノコ。近年栽培品が出回るようになった。
※00粉がなければ、強力粉と薄力粉を半々で混ぜ合わせて使用する。

作り方

1. モルタデッラを2cm角に切り、この大きさに合わせて大黒シメジも切る。交互に2個ずつ竹串に刺す。
2. 1に**A**の卵液をつけて、パン粉をつけ、180℃に熱した油で揚げる。スパゲッティも素揚げする。
3. 竹串を抜き、抜いた後の穴に、素揚げしたスパゲッティを差し込む。
4. 皿にサルサヴェルデを敷き、3のスピエディーノを盛り付け、レモンを添える。

大黒シメジ

きのこ、サラミ、タレッジョ・チーズのクレッショーニ

クレッショーニは、エミリア・ロマーニャ地方のファストフード。
生地の中に具材を詰めて、半月形にして焼き上げます。
(料理／佐藤 護)

材料（3〜4個分）

- 大黒シメジ（薄切り）… 70g
- エリンギ（薄切り）… 30g
- ニンニク（みじん切り）… 少量
- タレッジョ・チーズ（角切り）… 60g
- サラミ（薄切り）… 20g
- ルコラ … 7g
- イタリアンパセリ（みじん切り）… 適量
- オリーブ油 … 適量
- 塩、黒コショウ … 各適量
- **生地**（作りやすい量）
  - 小麦粉（00粉※）… 250g
  - ラード … 40g
  - ハチミツ … 15g
  - ドライイースト … 2.5g
  - 生イースト … 2.5g
  - 牛乳 … 100cc
  - 塩 … 少量

※00粉がなければ、強力粉と薄力粉を半々で混ぜ合わせて使用する。

作り方

1. 生地の材料を合わせてよく混ぜ、ボウルに入れてラップをし、温かいところにおいて発酵させる。倍くらいの大きさになったら1個50gにして丸め、バットに並べてラップをし、再び温かいところに40分ほどおいて発酵させる。
2. フライパンにオリーブ油とニンニクを入れて弱火で熱し、香りが立ったら大黒シメジとエリンギを入れて炒め、イタリアンパセリを加え、軽く塩をして、冷ましておく。
3. 1の生地に軽く打ち粉（00粉。分量外）をして丸くのばし、その半円部分に2のキノコ、タレッジョ・チーズ、サラミ、ルコラを適量ずつのせて半分に折りたたむ。生地の縁に水をつけてとじる。
4. フライパンにオリーブ油をひいて熱し、3を入れて弱火から中火で焼く。生地が膨らんできたら、串で穴を開けたりヘラで押すなどし、膨らまないようにする。両面ともキツネ色に焼けたら、仕上げに180℃のオーブンに5分ほど入れる。皿に盛り付ける。

しめじ

しめじと豚ばら肉の生姜焼き

しめじ

しめじのスパイシー炒め

しめじと豚ばら肉の生姜焼き

火にかける前に素材に調味料をからめておくことで、
味が染みた、しっとりとやわらかい生姜焼きになります。
（料理／野永喜三夫）

材料（作りやすい量）

シメジ … 1パック（200g）
豚バラ肉（スライス）… 400g
A
| 酒 … 大さじ4
| 醤油 … 大さじ2
| みりん … 大さじ2
生姜（すりおろし）… 20g
レタス … 適量

ポイント

- 豚バラ肉は4cm長さほどに切っておくと、火が入ったときにちょうど食べやすい大きさになる。
- 酒の割合を多くすることで、味が濃くならず、慌てずに炒めることができる。
- 炒めはじめは水分が出てくるが、炒めているうちに煮詰まってくる。音が炒める音に変わってきたら、そろそろでき上がり。

作り方

1. シメジは石づきを切り落とし、1本ずつにほぐす（a）。豚バラ肉は6等分の長さ（4cmほど）に切る（b）。
2. 冷たいフライパンに1のシメジを入れ（c）、上に豚肉を入れ、**A**の合わせ調味料とおろし生姜を加えて（d）箸で全体を混ぜる。
3. 5分ほど混ぜて、肉がほぐれて調味料がからまったら、中火にかけて炒めていく（e）。最初に出てきた水分が少なくなり、煮詰まって、まわりの油が透明になってきたら（f）味を確認し、好みの味まで煮詰めてでき上がり。
4. 器に盛り、レタスを添える。

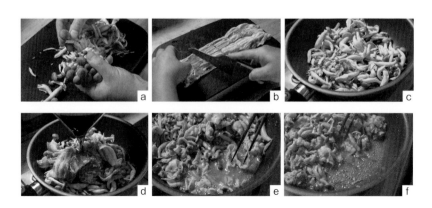

しめじのスパイシー炒め

シメジと合わせた厚揚げが、肉のような味わいになります。
豆板醤やニンニク、生姜の風味をきかせた、
白いご飯によく合う味つけです。
（料理／孤田欣也）

材料（2人分）

シメジ … 120g
キュウリ … 40g
厚揚げ … 60g
A
　豆板醤 … 小さじ2/3
　ニンニク（みじん切り）… 小さじ1/3
　生姜（みじん切り）… 小さじ1/2
　長ネギ（みじん切り）… 大さじ2
B
　砂糖 … 大さじ2/3
　日本酒 … 大さじ1
　酢 … 大さじ1
　醤油 … 大さじ2/3
　コショウ … 少量
　片栗粉 … 小さじ1/4
揚げ油（サラダ油）… 適量

作り方

1. シメジは石づきを切り落とし、ほぐす。キュウリは皮をむき、5mm角、5cm長さに切り、厚揚げも同様の大きさに切る(a)。
2. 鍋に油を入れて180℃に熱し、厚揚げを入れる。カリッとして浮いてきたら、続けてシメジとキュウリを入れ(b)、すべて取り出す(c)。
3. 油をあけた2の鍋に、新たにサラダ油小さじ1をひき、Aを入れて香りが出るよう弱火で炒める(d)。
4. 香りが出たら2の材料を戻し入れ(e)、Bを加えて炒め合わせる(f)。

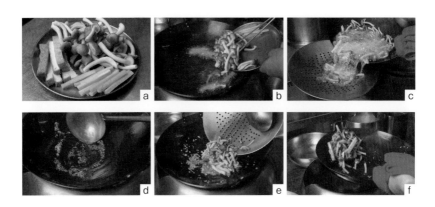

しめじ

しめじとじゃがいものバター醤油炒め

しめじとザーサイの炒め物

しめじ

しめじと豚肉の赤の他人丼

しめじとじゃがいものバター醤油炒め

バターの香りが食欲をそそります。できたてがおいしい。
（料理／野永喜三夫）

材料（作りやすい量）

シメジ … 1パック（200g）
ジャガイモ … 1〜2個（200g）
バター（有塩）… 30g
醤油 … 大さじ1
青海苔 … 少量

ポイント

- シメジとジャガイモの大きさを揃えることにより、火の入り方が一定になり、食べやすくもなる。
- バターと海苔は相性がよいが、好みで青海苔の代わりに黒コショウをふってもよい。
- ジャガイモはメークインがおすすめ。

作り方

1. シメジは石づきを切り落とし、1本ずつにほぐす。
2. ジャガイモは皮をむき、シメジと大きさを合わせたスティック状に切る。水にさらし、水気をふき取っておく。
3. 冷たいフライパンに1と2を入れ、大さじ2の水を加えて蓋をし、中火にかける。5分ほどしたら蓋を取り、箸で混ぜながら2〜3分火を入れる。
4. ジャガイモに火が入ったら、バターを入れて混ぜる。なじんだら醤油を加えてからめ、いい香りが立ってきたらでき上がり。
5. 器に盛り、青海苔をふる。

しめじとザーサイの炒め物

簡単に作ることができ、常備菜にむいています。
ザーサイがおいしい調味料です。
（料理／菰田欣也）

材料（2人分）

シメジ … 180g
ザーサイ … 40g
長ネギ（みじん切り）… 大さじ2
万能ネギ（小口切り）… 3本分
A
　日本酒 … 小さじ1
　紹興酒 … 小さじ1
　砂糖 … ひとつまみ
　コショウ … 少量
ゴマ油 … 小さじ1/2
揚げ油（サラダ油）… 適量

作り方

1. シメジは石づきを切り落とし、ほぐす。ザーサイは細切りにし、水に浸けて軽く塩分を抜いておく。
2. 鍋に油を入れて160℃に熱し、シメジを入れて、表面がキツネ色になるまで軽く揚げ、取り出す。
3. 油をあけた2の鍋に、新たに小さじ1のサラダ油をひき、水気を切ったザーサイを入れて弱火で炒める。香りが出てきたら2のシメジと長ネギを入れ、Aを加えて炒め合わせる。
4. 仕上げにゴマ油と万能ネギを加え、器に盛る。

しめじと豚肉の赤の他人丼

ミニトマトをプラスすることで、旨みと酸味、香りが加わります。普通のトマトより、味が凝縮したミニトマトが断然おすすめ。

(料理／野永喜三夫)

材料（2人分）

- シメジ … 1パック（200g）
- 豚バラ肉（スライス）… 200g
- 卵 … 4個
- ミニトマト … 8個
- A
  - だし汁 … 70g
  - みりん … 50g
  - 醤油 … 30g
  - 砂糖 … 10g
- ご飯 … 丼2杯分
- 三つ葉（あれば）… 少量

作り方

1. シメジは石づきを切り落とし、1本ずつにほぐす。
2. 豚バラ肉は3cm幅に切る。
3. 卵は合わせて溶いておく。
4. 冷たいフライパンにAを合わせ、1と2を入れて中火にかける。5分ほどして沸いてから、更に5〜7分ほど煮て煮汁を少し煮詰める。
5. 味を確認し（卵が入るので、この時点では少し濃いめでよい）、ヘタを取って縦半分に切ったミニトマトを入れる。
6. ひと煮立ちしたら、3の卵の1/3量を、のの字を書くようにまわし入れ、十字を切るように箸を入れる。ひと煮立ちしたら、更に1/3量の卵を同様に加え、再びひと煮立ちしたら残りの卵をまわし入れる。
7. 丼に盛ったご飯に6をのせ、三つ葉を添える。

ポイント

豚肉の代わりに鶏肉や牛肉を使ってもおいしくできる。

しめじ

しめじとじゃがいものアニョロッティ しめじのバターソース

舞茸

ガンや生活習慣病、風邪予防や花粉症、ダイエットにも効果のある成分を多く含むキノコです。
煮汁ごと食べる料理なら、水溶性の栄養成分も残さず摂ることができます。

舞茸とあさりの酒蒸し

舞茸といかの味噌マヨ和え

しめじとじゃがいものアニョロッティ
しめじのバターソース

詰め物にも、ソースにもシメジを使ったキノコづくしのパスタです。
（料理／佐藤 護）

材料（作りやすい量）

パスタ生地（作りやすい量）
- 小麦粉（00粉※）… 800g
- 全卵 … 7個
- 卵黄 … 3個
- 塩、オリーブ油 … 各適量

詰め物（でき上がり620g）
- ジャガイモ … 500g
- シメジ … 200g
- ニンニク（みじん切り）… 1/2粒分
- タカノツメ … 少量
- エシャロット（みじん切り）… 30g
- ローズマリー（生。みじん切り）… 1g
- 無塩バター … 15g
- パルミジャーノ・レッジャーノ・チーズ（すりおろし）… 20g
- 塩、白コショウ … 各適量

ソース（1人分）
- シメジ（軽くゆで、水気を切っておく）… 40g
- パルミジャーノ・レッジャーノ・チーズ（すりおろし）… 5g
- キノコパウダー（市販のポルチーニの粉末。ドライポルチーニをミルで砕いてもよい）… 2g
- 無塩バター … 20g

※00粉がなければ、強力粉と薄力粉を半々で混ぜ合わせて使用する。

作り方

1. パスタ生地：大きめのボウルに小麦粉を入れて山にする。中央にくぼみを作り、溶いた全卵と卵黄、塩、オリーブ油を加えて練る。生地がまとまったら、ラップフィルムに包み、冷蔵庫で1時間やすませる。
2. 詰め物を作る。シメジはロボクープで粗みじんにする。
3. フライパンにバター、ニンニク、タカノツメ、エシャロット、ローズマリーを入れて炒め、2を入れて炒める。水分が飛んだら塩で味を調える。
4. ジャガイモは塩を加えた水に入れて火にかけ、やわらかくなるまでゆでる。皮をむき、ムーラン（漉し器）で漉す。ボウルに入れて3を加え、塩、白コショウ、パルミジャーノ・チーズを加えてゴムベラで混ぜ、冷ます。
5. 1の生地をのばし、4を詰める（4を絞り袋に入れて一直線に絞り出し、手前の生地をかぶせて1個分ずつつまんで分ける。生地が厚くなったところを指で押して平らにし、パイカッターで切り分ける。a〜d）。
6. 5を塩を加えた湯でゆではじめる。
7. ソースを作る。フライパンにバター10gとゆでたシメジを入れて炒める。6のパスタのゆで汁を適量加え、キノコパウダー、パルミジャーノ・チーズ、バター10gを加える。
8. ゆでた6を7に入れて和え、乳化させる。
9. 皿に盛り、パルミジャーノ・チーズ（分量外）を削りかけ、キノコパウダー（分量外）を散らす。

a

b

c

d

舞茸とあさりの酒蒸し

アサリの塩分と酒の風味、みりんの甘みと醤油の香りが
ちょうどいいバランスです。
（料理／野永喜三夫）

材料（作りやすい量）

マイタケ … 2パック（200g）
アサリ（砂抜きしたもの）
　… 20〜30個
酒 … 大さじ3
みりん … 大さじ1
醤油 … 小さじ1/2
三つ葉（好みで。パクチーなどでもよい）
　… 少量

作り方

1. マイタケは、食べやすい大きさに手で裂く。
2. 酒、みりん、醤油は混ぜ合わせておく。
3. 冷たいフライパンにアサリ、マイタケ、2を入れ、蓋をして中火にかける。
4. 5分ほどしてアサリの口が開いたら、蓋を取り、全体を混ぜながら更に2分ほど火を入れてでき上がり。
5. 器に盛り、彩りに三つ葉を添える。

舞茸といかの味噌マヨ和え

マイタケとイカの食感の違いが楽しい一品。
味噌マヨには、かつお節と黒コショウを加えています。
（料理／野永喜三夫）

材料（作りやすい量）

マイタケ … 2パック（200g）
スルメイカ … 1パイ
バター（有塩）… 15g
味噌マヨネーズ
　味噌 … 30g
　マヨネーズ … 100g
　かつお節 … 5g
　粗挽き黒コショウ … 1g
三つ葉（茎。1cmに切る）… 少量

ポイント

- スルメイカの代わりに、豚バラ肉を使ってもおいしい。
- 食べる直前に和える。
- 炒めた材料を常温に冷ましてから和える。ただし冷蔵庫などで冷やしすぎると、味噌マヨネーズとよくなじまないので注意。

作り方

1. イカは内臓、目、クチバシを掃除し、足は吸盤を取って食べやすい大きさに切る。身は縦に切り開いて1枚にし、縦半分に切ってそれぞれ横4等分に切る。みみ（エンペラ）は4等分ほどに切る。マイタケはイカと同じくらいの大きさに切り分ける。
2. 冷たいフライパンにバターを入れ、1のイカとマイタケを入れて蓋をし、中火にかける。5分ほどしたら蓋を取り、全体を混ぜながらからめて火を入れ、火からおろして冷ましておく。
3. 2を冷ましている間に味噌マヨネーズを作る。ボウルに味噌を入れ、マヨネーズを2、3回に分けて加えながらよく混ぜ、かつお節と黒コショウを加えて混ぜる。
4. 2が常温に冷めたら3を加えて和える。器に盛り、彩りに三つ葉を散らす。

舞茸

舞茸のフリット

舞茸の素揚げ
カリカリパウダーがけ

舞茸

舞茸とベーコンのすり流し

きのこのフリッタータ

舞茸のフリット

衣にベーキングパウダーを加えてしっかりと揚げることで、
サクサクに仕上がり、食べると中からマイタケの香りがふわっと香ります。
五感にうったえる料理です。
（料理／蓮田欣也）

材料（2人分）

マイタケ … 100g
片栗粉 … 適量
A
| 小麦粉 … 100g
| 水 … 120cc
| ベーキングパウダー … 小さじ1/3
B
| 塩 … ひとつまみ
| 粉山椒（国産）… 適量
| ＊混ぜ合わせる。
揚げ油（サラダ油）… 適量

作り方

1. マイタケは、食べやすい大きさに切る。
2. Aを混ぜ合わせておく。
3. 1に片栗粉をまぶし（a）、2の衣をつけ（b）、180℃に熱した油に入れて揚げる。
4. 油を切って器に盛り、Bの山椒塩を添える。

舞茸の素揚げ カリカリパウダーがけ

炒めて味つけをしたパン粉を、揚げたマイタケにたっぷりかけます。
（料理／蓮田欣也）

材料（2人分）

マイタケ … 200g
ワケギ … 40g（4本）
パン粉 … 20g
A
| 塩 … 小さじ1/4
| 砂糖 … 小さじ1/3
| 鶏ガラスープの素（顆粒）… 小さじ1/3
| 生姜（みじん切り）… 小さじ1/3
| ニンニク（みじん切り）… 小さじ1/4
| 七味唐辛子 … 適量
揚げ油（サラダ油）… 適量

作り方

1. マイタケは食べやすい大きさに手で裂き、180℃の油で素揚げする。カリッとしてキツネ色になったら取り出し、油を切っておく。
2. ワケギは4〜5cm長さに切り、1と同様に素揚げする。
3. テフロン加工のフライパンにパン粉とAを入れ、香りが出るよう弱火でキツネ色になるまで炒める。
4. 1のマイタケと2のワケギを器に盛り合わせ、3を上からかける。

舞茸とベーコンのすり流し

シンプルですが、味にとても深みのあるスープ。炒めたベーコンの香ばしい風味と塩気がいい味つけになります。
（料理／野永喜三夫）

材料（作りやすい量）

マイタケ … 2パック（200g）
ベーコン … 160g
A
　豆乳 … 400g
　水 … 400g
　鶏ガラスープの素（顆粒）… 6g
　和風だしの素（顆粒）… 2g
赤パプリカ粉（好みで）… 少量

ポイント

パプリカ粉の代わりに、好みで黒コショウや小口切りにしたアサツキを散らしてもよい。

作り方

1. マイタケは手で細かくちぎる。
2. ベーコンは適宜に切り、1のマイタケとともにテフロン加工のフライパンに入れ、軽く焼き目がつくまで炒める。
3. ミキサーに2のマイタケとベーコンを入れ、Aを加えて攪拌する。
4. 3を鍋に移して中火にかけ、ひと煮立ちしたらでき上がり。味を確認し、塩気が足りなければ塩（分量外）を少量加える。器に盛り、彩りにパプリカ粉をふる（温製でも冷製でもよい）。

きのこのフリッタータ

キノコと卵は相性がいい。シンプルなイタリアの家庭料理です。
（料理／佐藤 護）

材料（作りやすい量）

マイタケ（小房に分ける）… 130g
エリンギ（1〜2mm厚さに切る）… 100g
玉ネギ（薄切り）… 1/2個分
パンチェッタ（拍子木切り。なければベーコンでもよい）… 40g
無塩バター … 30g
オリーブ油 … 50g+90g
卵 … 6個
パルミジャーノ・レッジャーノ・チーズ（すりおろし）… 50g
トマトホール（つぶしたもの）… 30g

作り方

1. フライパンを熱し、バターとオリーブ油50gを入れる。バターが溶けたらパンチェッタを入れ、弱火で炒める。玉ネギ、エリンギ、マイタケを加え、水分が飛びしんなりするまで炒める。
2. ボウルに卵を割り入れ、パルミジャーノ・チーズ、1、オリーブ油90gを加えてよく混ぜる。
3. フライパンを熱し、オリーブ油（分量外）をひく。2を注ぎ、よく混ぜながら火を入れる。1/3ほど火が入ったら火を止めて、表面にトマトホールを散らし、すりおろしたパルミジャーノ・チーズ（分量外）をかけて、180℃のオーブンに10分ほど入れて焼き上げる。

エリンギ・あわび茸

味にクセがなく、他のキノコが苦手な方でも食べやすいキノコです。
日本で品種改良されたエリンギは、白い軸の部分が長くて太く、
歯応えもよく使いやすいため人気があります。
アワビタケはエリンギの変種ともいわれるキノコで、
食感が貝のアワビに似ているところから名づけられました。

エリンギと鶏もも肉の照り焼き

油を使わず、鶏の皮から出る脂を上手に利用してカリカリに焼きます。
エリンギは鶏肉の上にのせて火を入れることで、しっとりと蒸し焼き状になります。
お弁当のおかずにもぴったり。パンに挟んでもおいしい。

（料理／野永喜三夫）

材料（作りやすい量）

エリンギ … 1パック（100g）
鶏モモ肉 … 2枚（500〜600g）
A
　みりん … 大さじ4
　醤油 … 大さじ2
　酒 … 大さじ2
レタス、ミニトマト … 各適量

ポイント

・エリンギは必ず鶏肉の上にのせる。下にすると先に火が入り、焦げてしまうので注意する。
・蓋をして中火にかけたら、いじらずに放っておく。合わせ調味料を入れるときは、脂がはねるのでいったん火を止める。
・鶏から出た脂には旨みがあり、これが調味料と合わさることによっておいしいたれになるので、脂は取り除かない。

作り方

1. エリンギは縦4枚ほどに切る。
2. 鶏肉は一口大に切り、指で触って硬い軟骨があれば取り除いておく。
3. 冷たいフライパンに2の鶏肉を皮側を下にして重ならないように入れ、上に1のエリンギをのせる。蓋をして、中火に7〜8分かける(a)。
4. 鶏の皮にこんがりと焼き目がついたら(b)、いったん火を止めてひと混ぜし、Aの合わせ調味料を加えて(cd)再び中火にかける。
5. ときどき混ぜて煮汁をからめながら煮詰める(e)。汁気が少なくなり、照りととろみが出たらでき上がり(f)。
6. 器に盛り、レタスとミニトマトを添える。

エリンギと帆立と小蕪の煮物

素材の味を活かしたやさしい味の煮物。スープもいい味です。
温かくても、冷めてもおいしい。

（料理／野永喜三夫）

材料（2人分）

エリンギ … 1パック（100g）
ホタテ貝柱（生）… 8個
小カブ … 200g
カブの葉 … 少量
A
  だし汁 … 400g
  醤油 … 大さじ1
  みりん … 大さじ2
  塩 … 1g

ポイント

・エリンギとホタテの厚みを揃えて切ると、火の入り方が一定になり、見た目も美しい。エリンギは太いものであれば輪切りにしてもよい。
・カブの葉元部分には砂がたまっていることが多いので、実の部分を少し付けて切り落とす。
・一度冷ますことにより、味が染みる。

作り方

1. エリンギは縦4枚ほどに切る。ホタテ貝柱は厚みを半分に切る。カブは葉の付いた側の実を水平に、葉ごと少し切り落とし、実を6〜8等分のくし形に切る。
2. カブの葉は、きれいなところを選んで洗い、3cmほどに切り分けておく。
3. 冷たいフライパンにAを合わせ、1の材料を入れて中火にかける。5分ほどして沸いてから、更に10分ほど煮て火を止め、そのまま常温になるまでおいておく。
4. 食べるときに再び鍋を火にかけて温め、2のカブの葉を少量加える。カブの葉の色が変わったらでき上がり。

エリンギたっぷり牛丼

牛肉にエリンギの食感を加えました。
味噌を加えることでコクが出て、牛肉との相性が更によくなります。
(料理／野永喜三夫)

材料（2人分）

エリンギ … 1パック（100g）
和牛バラ肉（スライス）… 200g
A
　だし汁 … 70g
　みりん … 50g
　醬油 … 30g
　味噌 … 10g
　砂糖 … 10g
ご飯 … 丼2杯分
温泉卵 … 2個
三つ葉（茎。1cm長さに切る）… 少量

作り方

1．エリンギは、5mm角、縦3〜4cm長さのせん切りにする。
2．牛肉は、3cm幅ほどに切る。
3．冷たいフライパンにAを入れて混ぜ、味噌と砂糖が溶けたら1と2を入れ、箸でほぐしながら中火にかける。
4．5分ほどして沸いてから、更に5分煮て、味を確認する（少し濃いと感じるくらいでよい。薄ければ更に2分煮て煮汁を詰める）。
5．丼にご飯を盛り、4をのせ、中央に温泉卵を割り落とし、三つ葉を添える。

ポイント

・食感を活かすエリンギの切り方がポイント。
・牛バラ肉の代わりに、豚バラ肉を使ってもおいしい。
・好みで紅生姜、七味唐辛子、粉山椒などを添えてもよい。

エリンギ・あわび茸

エリンギチャーハン

お米の代わりにエリンギを使った、低糖質チャーハン。
作り方は、普通のチャーハンと同じです。
(料理／菰田欣也)

材料（2人分）

- エリンギ … 200g
- チャーシュー … 50g
- 卵 … 1個
- カニ（ほぐし身）… 40g
- グリーンピース（塩ゆでしたもの）
  … 20粒
- 長ネギ（白い部分。みじん切り）
  … 大さじ2
- 万能ネギ … 5本
- **A**
  - 塩 … 小さじ1/4
  - コショウ … 少量
  - 醤油 … 小さじ1/4
  - オイスターソース … 小さじ1/4
  - 鶏ガラスープの素（顆粒）… 少量
- サラダ油 … 大さじ1

作り方

1. エリンギは5mm角に切る。チャーシュー、万能ネギも同様の大きさに切る。
2. 1のエリンギをボウルに入れ、溶いた卵と**A**を加えて混ぜる（ab）。
3. 鍋にサラダ油をひき、2を入れて（c）パラパラになるように炒める。ほぐれてきたら、チャーシューとカニの身を加え（d）、更に炒める（e）。
4. 仕上がりにグリーンピース、長ネギ、万能ネギを加えて炒め合わせる（f）。

ポイント

- エリンギは、1辺の長さが米の長さほどになるように切ると、チャーハンらしく仕上がる。
- カニの身はカニかまぼこで代用しても、また、モヤシなどを使ってもよい。

エリンギ茸のクリーム煮込み

見た目はまるでアワビ。食感や色が似ているエリンギを使った、楽しい仕立てです。
（料理／菰田欣也）

材料（2人分）

エリンギ（太め）… 2本
チンゲン菜 … 1本
A
　鶏ガラスープ … 200cc
　酒 … 大さじ1
　紹興酒 … 大さじ1
　塩 … 小さじ1/4
　砂糖 … 小さじ1/3
　コショウ … 少量
B
　生クリーム … 大さじ3
　水溶き片栗粉 … 大さじ1½

作り方

1. エリンギは5〜6分ゆでて、氷水に落とす。冷めたら水気を切り、端を切り落として形を整え（a。アワビの形をイメージして）、蛇腹に包丁目を入れ（b）、縦4等分にスライスする（c）。
2. チンゲン菜は、火が入りやすいよう、軸の部分に3、4等分する切り込みを入れておく。ゆでて氷水に落とし、冷めたら水気を切り、切り込みを入れたところから切り分ける。
3. 鍋に**A**を合わせて火にかけ、1のエリンギを入れて煮る。
4. エリンギに味が入ったら一度取り出し、温めておいたチンゲン菜とともに器に盛る。
5. 4の鍋に残ったスープに**B**を加えて沸かし、とろみがついたら4にかける。

a

b

c

あわび茸のアックアパッツァ

肉厚のアワビタケを魚に見立て、
貝のエキスをたっぷり吸わせたアックアパッツァです。
(料理／佐藤 護)

材料 (2人分)

アワビタケ (縦4つ割に切る) … 2個分
アサリ (砂抜きしたもの) … 10個
ムール貝 (下処理をしたもの) … 6個
A
| ドライトマト … 20g
| 黒オリーブ (縦半分に切る) … 3個分
| ケッパー (酢漬け) … 10粒
| バジリコ (適宜にちぎる) … 2枚分
| イタリアンパセリ (みじん切り) … 1本分
ニンニク (縦薄切りにし、芯を取る)
　… 1/2粒分
オリーブ油 … 適量

ポイント

アワビタケは煮込んでも食感が残るので、しっかり旨みを吸わせること。

アワビタケ

作り方

1. 鍋にオリーブ油とニンニクを入れて弱火にかける。ニンニクが色づいてきたらアワビタケを入れ、ソテーする。
2. 1にアサリとムール貝を入れ、蓋をする。貝の口が開いたら、ひたひたの水とAの材料を加えて5分ほど煮て、アワビタケに味を煮含ませる。
3. 皿に盛り、オリーブ油をかけ、みじん切りのイタリアンパセリ (分量外) を散らす。

エリンギ・あわび茸

卵のクレープパスタ
あわび茸とパンチェッタのクリームソース

卵の風味がおいしいクレープパスタ。パスタマシンがなくても生パスタ風の一皿ができ上がります。食感のいいアワビタケを加えたクリームソースがよく合います。

(料理／佐藤 護)

材料

クレープパスタ（作りやすい量。でき上がり480g。4〜5人分）
- 卵 … 5個
- 生クリーム … 200cc
- 牛乳 … 15〜30cc
- 薄力粉 … 125g
- 塩 … 少量
- オリーブ油、無塩バター … 各適量

ソース（1人分）
- アワビタケ（薄切り）… 20g
- パンチェッタ（拍子木切り。なければベーコンでもよい）… 15g
- 生クリーム … 150cc
- 無塩バター … 5g
- オリーブ油 … 大さじ1

パルミジャーノ・レッジャーノ・チーズ（すりおろし）… 15g
黒コショウ … 適量

ポイント

クレープ生地は焼きすぎるとパサついてしまうので、あまり色がつかない程度に焼いてしっとり仕上げる。

作り方

1. クレープパスタを作る。卵をボウルに割り入れ、塩を少量加えて泡立て器で溶く。ダマにならないように2〜3回に分けて薄力粉を加え、よく混ぜる（a）。生クリームを少しずつ加えながら混ぜ、牛乳も加えて混ぜ合わせたら（b）、漉して（c）、やすませておく（時間があれば、一晩ねかせるとよい）。

2. フライパンにオリーブ油を薄くひいて弱火で温める。バターを加えて一度火からおろし、1をレードル1杯分（50cc）入れて全体に広げ、弱火で焼く（de）。下側に薄く焼き色がついたら裏返してさっと焼き（fg）、取り出す。粗熱がとれたら、フェットチーネのように1cm幅に切る（h）。

3. ソースを作る。フライパンにバターとオリーブ油、アワビタケ、パンチェッタを入れて炒める。パンチェッタの脂がにじみ出て、アワビタケの水分が飛んだら生クリームを加え、少し煮詰める。

4. 3に2を加えて和え、パルミジャーノ・チーズを加える。皿に盛り、黒コショウをふる。

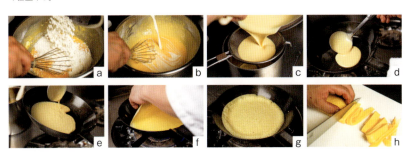

えのき

天然物と栽培物は、まったく別のキノコといっていいほど異なります。
私たちが通常エノキといっているものは栽培物の細長い白いキノコで、品種改良された品種です。
最近は、自然の色に近付けたブラウンエノキも人気があります。

えのき茸入り野菜炒め

食感や色の違いも楽しく、
野菜だけでも充分満足いただけます。
（料理／蓹田欣也）

材料（2人分）

キャベツ … 50g
ニンジン … 15g
ピーマン … 10g
玉ネギ … 35g
エノキ（白、ブラウン）… 各30g
A
　砂糖 … 小さじ1
　酒 … 大さじ1
　酢 … 小さじ1/3
　醤油 … 小さじ1
　鶏ガラスープ … 大さじ1
　コショウ … 少量
　塩 … 少量
　片栗粉 … 小さじ1/4
　＊合わせておく。
サラダ油 … 適量

作り方

1. キャベツは8mm幅に切る。ニンジン、ピーマンは繊維に沿って、玉ネギは繊維を断つように、それぞれ5mm幅の細切りにする。
2. エノキは石づきを切り落とし、しっかりとほぐす。
3. 1の野菜を、熱したサラダ油にさっと通し、取り出す。
4. 油をあけた3の鍋に、新たに小さじ1のサラダ油を入れ、2のエノキを入れて軽く炒め、3の野菜を戻し入れる。Aを加えて炒め合わせる。

ポイント

・材料をすべて細切りにすることで、シャキシャキした食感が活きる。
・野菜はすべて生でも食べられるものなので、火の通しすぎには注意する。

えのき茸の煮込み わさび風味

わさびの辛みが心配かもしれませんが、辛みはおだやかで、風味豊かです。
(料理／菰田欣也)

材料 (2人分)

エノキ (白) … 1束 (100g)
エノキ (ブラウン) … 1束 (100g)
チンゲン菜 … 1束
A
　鶏ガラスープ … 400cc
　塩 … 小さじ1/4
　砂糖 … 小さじ1/3
　わさび (すりおろし) … 大さじ1
　酒 … 大さじ1
B
　わさび (すりおろし) … 小さじ1/3
　水溶き片栗粉 … 大さじ1

作り方

1. エノキはそれぞれ石づきを切り落とし、しっかりとほぐし、長さを2等分に切る。チンゲン菜は芯と葉に切り分け、芯は縦に、葉は横に、それぞれ細切りにする。
2. 鍋にAを合わせて火にかけ、沸いたら1のエノキを入れて弱火にし、5分ほど煮る。
3. 2に1のチンゲン菜とBを加え、味を調える。

ポイント

・エノキは白とブラウンの2種類を使うことで、食感や色の違いが楽しめる。
・最後にわさびをもう一度加えることで、風味が更によくなる。

えのきとニラのナムル

エノキとニラの色を生かして作りたいナムルです。
食感と、醤油とゴマの香りがおいしい。
（料理／野永喜三夫）

材料（作りやすい量）

エノキ … 1パック（200g）
ニラ … 1/2束（50g）
塩 … 小さじ1/2
A
　醤油 … 小さじ1
　ゴマ油 … 大さじ1
　煎り白ゴマ … 小さじ1

作り方

1. エノキは石づきを切り落として半分の長さに切り、下のほうはしっかり裂いてほぐしておく。
2. ニラは3cm長さに切る。
3. 冷たいフライパンに1と2を入れ、水100ccと塩を加えて蓋をし、中火にかける。7分ほどしたらザルにあけ、水気を切る。
4. ボウルにAを合わせておき、3を入れて和える。味を確認して薄ければ、好みで少量の塩（分量外）を加えて味を調える。

ポイント

- エノキは、このように少なめの水と塩を加えて蒸し焼きにすると、シャキシャキに仕上がる。
- 煎りゴマの代わりに粉がつおを加えてもよい。

えのきと小松菜とちくわの煮浸し

ちくわを加えることにより、いい旨みが出ます。素材の色を活かし、味もあまり濃くしすぎないのがおいしい煮浸しのコツです。
（料理／野永喜三夫）

材料（2人分）

エノキ … 1パック（200g）
小松菜 … 3株（約100g）
ちくわ … 2本（70g）
A
　だし汁 … 300g
　醤油 … 大さじ1
　みりん … 大さじ2
　塩 … 少量

ポイント

- エノキはきちんとほぐしておく。
- 濃口醤油と塩を合わせて使うことにより、薄口醤油がなくても素材の色を生かした煮物ができる。
- 小松菜は、根元のところに砂が入っていることが多いので、根元を切り落としてから水の中でよくふり洗いする。

作り方

1. エノキは石づきを切り落として半分の長さに切り、下のほうはしっかり裂いてほぐしておく。小松菜は軸と葉に切り分け、それぞれ3cm長さほどに切っておく。ちくわは2mm厚さの小口切りにする。
2. フライパンにAを合わせ（a）、1のエノキ、小松菜の茎、ちくわを入れて中火にかける（b）。5分ほどして沸いてきたら小松菜の葉を入れ（c）、ひと煮立ちしたら火からおろし、そのまま冷ましておく（d）。

えのきの簡単なめたけ

市販品もありますが、自分で作ったほうが好みの味加減にでき、かつ、経済的です。
ここではかつお節を加え、コクと旨みをプラスしました。
おにぎりに入れても、マヨネーズを混ぜてパンに挟んでも、ピザの具にしてもおいしい。
(料理／野永喜三夫)

材料 (作りやすい量)

エノキ … 2パック (400g)
かつお節 … 5g
A
　酒 … 大さじ4
　醤油 … 大さじ2
　みりん … 大さじ2
　タカノツメ (小口切り) … 1/2本分

作り方

1. エノキは石づきを切り落として半分の長さに切り、下のほうはしっかり裂いてほぐしておく。
2. 冷たいフライパンに1とAを入れ、蓋をして中火にかける。7分したら蓋を取り、かつお節を加えて混ぜる。保存容器に入れて保存する(冷蔵庫で3～4日は保存できる)。

ポイント

- かつお節の代わりに塩昆布を加えてもよい。
- タカノツメは好みで入れなくてもよい。また、代わりに煮上がりに七味唐辛子を加えてもよい。

えのき茸の湯葉巻き

やわらかい湯葉にくるまれた、エノキのシャキシャキした食感がおいしい。
ハムがいい調味料になっています。

(料理／菰田欣也)

材料（2人分）

エノキ（白）… 1束（100g）
エノキ（ブラウン）… 1束（100g）
ロースハム（みじん切り）… 3枚分（40g）
生湯葉 … 2枚
A
　塩 … 少量
　コショウ … 少量
　ゴマ油 … 小さじ1

作り方

1. エノキはそれぞれ石づきを切り落とし、しっかりとほぐす。さっとゆでて、水気を取り、Aの調味料とハムを加えて混ぜる。
2. 生湯葉を1枚ラップフィルムの上に敷き、1を半量のせて、しっかり締めるように巻く（abc）。もう1枚の湯葉にも残りの1をのせ、同様に巻く。
3. 両端を切り落として5等分に切り、器に盛る。

ポイント

- エノキの下の部分は、包丁で切るか、フォークなどを使うとほぐしやすくなる。
- ひと巻きしてラップの上からおさえて形を整えたら、ラップを利用して転がすようにし、巻き上げるとよい。

a

b

c

えのき

やなぎ松茸、えのき茸を詰めた、鶏もも肉のインボルティーニ

えのき

スパゲッティーニとえのき茸

山えのき、いとより、じゃがいも、
レモン、ローズマリーの白ワイン蒸し

やなぎ松茸、えのき茸を詰めた、鶏もも肉のインボルティーニ

キノコの細長い形状と、シャキシャキした食感を活かして詰め物に。
(料理／佐藤 護)

材料（2人分）

ヤナギマツタケ（p.121参照）… 50g
エノキ … 40g
鶏モモ肉 … 2枚（1枚約300g）
パンチェッタ（薄切り。
　なければベーコンでもよい）… 14枚
ニンニク（みじん切り）… 2g
オリーブ油、塩 … 各適量
ソース
　バルサミコ酢 … 50cc
　無塩バター … 5g
ルコラ … 適量

ポイント
キノコをさっとゆでておくと、炒めたときに水分が抜けにくい。

作り方

1. ヤナギマツタケとエノキは軽く下ゆでし、水気を切って氷水に浸け、ペーパータオルにのせて水気を取っておく。
2. フライパンにオリーブ油とニンニクを入れて火にかけ、1のキノコを入れて強火でさっと炒め（a）、軽く塩をし、冷ましておく。
3. 鶏モモ肉は皮を取り除き、厚みの真ん中に切り込みを入れて1枚に開く（b）。
4. 取り除いた皮はフライパンに広げ、オリーブ油を少量かけて、180℃のオーブンで40分焼いておく。
5. まな板の上に、パンチェッタ7枚を、端を少しだけ重ねて縦に並べ、その上に鶏肉1枚を広げて上の面だけに塩をし、2をおいて巻き上げる（cde。はじめ鶏肉で巻いてから、パンチェッタを貼りつけるようにして巻くとよい）。ラップフィルムで包んで両端をねじり、冷蔵庫で冷やす（パンチェッタの脂を固め、焼きやすくするため）。
6. 5のラップをはずし、5ヵ所ほどにゆるくたこ糸を巻いてしばる。
7. しっかり熱したフライパンに6を入れ、中火で焼いていく（f。パンチェッタの脂を落とすイメージ）。こんがり焼き色がついたら、180℃に熱したオーブンで10分焼く。少しやすませておく。
8. ソースを作る。バルサミコ酢を小鍋に入れて火にかけ、半量になるまで煮詰め、バターを加えて味を調える。
9. 7を2cm幅に切って器に盛り、まわりに8のソースを流し、小さく切った4の皮とルコラを添える。

スパゲッティーニとえのき茸

エノキの形状と食感を活かし、味つけにエノキのゆで汁を利用します。
（料理／谷 昇）

材料（1人分）

スパゲッティーニ（乾燥）… 15g
エノキ … 40g
パルミジャーノ・レッジャーノ・チーズ
　（すりおろし）… 10g
黒オリーブ（種なし）… 1個
塩 … 適量
オリーブ油 … 少量

ポイント

- エノキは1本1本丁寧にほぐす。
- スパゲッティーニとエノキが均一になるように混ぜ、エノキのゆで汁はきちんと乳化させる。

作り方

1. エノキは石づきを切り落とし、1本ずつにほぐす。
2. 塩を少量加えた湯で1をさっとゆで、取り出す。ゆで汁は取りおく。
3. スパゲッティーニを通常通り塩を加えた湯でゆで、水気を切る。
4. 3のスパゲッティーニに2のエノキを加えて合わせ、オリーブ油、エノキのゆで汁を少量加えて味を調える。
5. 器に盛り、パルミジャーノ・チーズと4等分に切った黒オリーブを散らす。

山えのき、いとより、じゃがいも、レモン、ローズマリーの白ワイン蒸し

イタリアでよく見かける魚とキノコの白ワイン蒸しです。
（料理／佐藤 護）

材料（作りやすい量）

イトヨリ … 1尾
山エノキ（石づきを切り落とし、
　適当な房に分ける※）… 適量
ジャガイモ（メークイン。皮をむいて2～
　3mm厚さに切り、水にさらす）… 1個分
黒オリーブ … 5個
ケッパー（酢漬け）… 5g
レモン … 1/4個
ローズマリー … 1枝
白ワイン … 250cc
魚醤（ガルム。なければしょっつるや
　ナンプラーでもよい）… 10cc
オリーブ油、塩 … 各適量

※山エノキ：ブラウン系エノキの一商品名。

作り方

1. イトヨリはエラと内臓を取り、頭から尾にかけて1本切り込みを入れる。
2. フライパンにオリーブ油を熱し、1のイトヨリに塩をして入れ、両面をソテーする。白ワインを加えてアルコールを飛ばし、ジャガイモ、山エノキ、オリーブ、ケッパー、レモン、ローズマリー、水250ccを加えて蓋をする。弱火で5分ほど煮たところで魚醤を加え、更に5分ほど煮る。
3. 皿に盛り、オリーブ油をまわしかける。

ポイント

ジャガイモに火が入ったころに魚にも火が入る。煮込み時間は計10分程度。

なめこ

つるんとした食感とぬめりが特徴です。
味噌汁や蕎麦、和え物などに使用すると、
持ち味が活きます。

なめこと芽かぶと酢だこの和え物

**なめこと鶏ささみの
海苔わさび和え**

なめこ

なめこ、オクラ、長いも、納豆、
たくあんのネバうま和え

ブロッコリーの
蟹となめこのあんかけ

なめこと芽かぶと酢だこの和え物

食欲の無いときにもうれしい一品。すし酢と味つき芽カブの味を
利用して作ります。ご飯や素麺、蕎麦などの麺類にかけてもおいしい。
（料理／野永喜三夫）

材料（2人分）

ナメコ … 1パック（100g）
芽カブ（味つき。市販品）
　… 40g×3パック（120g）
ゆでダコ（足）… 80g
すし酢 … 40g
花穂ジソ（好みで）… 少量

ポイント

- タコは、ナメコと同じくらいの大きさに切ると食べやすい。
- 芽カブの代わりに、味つきモズクを使ってもよい。

作り方

1. ゆでダコは縦半分に切り、すし酢に半日ほど漬けておく。
2. ナメコはさっとゆで、ザルに上げて水気を切り、冷ましておく。
3. 1のタコを、ナメコと同じくらいの大きさに切る。
4. 2のナメコと3のタコ、タコを漬けていたすし酢、芽カブを混ぜ合わせて器に盛り、好みで花穂ジソを添える。

なめこと鶏ささみの海苔わさび和え

お酒によく合うおつまみ。
市販のチューブ入りわさびを使って作れるので簡単です。
（料理／野永喜三夫）

材料（2人分）

ナメコ … 1パック（100g）
鶏ささみ … 3枚（約100g）
酒 … 大さじ2
焼き海苔（小。おにぎり用）… 4枚
わさび（市販のチューブ入りわさび）
　… 15g
ポン酢 … 大さじ1
三つ葉 … 適量

ポイント

ささみは手でちぎったほうが、断面がギザギザになって味がよくからむ。

作り方

1. 鶏ささみは、適当な大きさに指でちぎる。筋は取り除いておく。
2. 冷たいフライパンに1を入れ、酒をふり、軽く混ぜる。蓋をして中火にかけ、4分ほど加熱して火を止め、そのままおいて余熱で火を入れる。
3. ナメコはさっとゆで、ザルに上げて水気を切り、冷ましておく。
4. 三つ葉は3cmほどに切る。
5. 2、3、4をよく混ぜ合わせ、食べる直前にちぎった海苔、わさび、ポン酢を加えて混ぜ、器に盛る。

なめこ、オクラ、長いも、納豆、たくあんのネバうま和え

なめこのとろみと、オクラや納豆のネバネバを活かした簡単和え。
そのままおつまみにしても、熱々のご飯や素麺などの麺にかけてもおいしい。
(料理／野永喜三夫)

材料(2人分)
- ナメコ … 1パック(100g)
- オクラ … 6本
- 長イモ … 50g
- たくあん漬け … 50g
- 納豆 … 1パック(50g)
- かつお節、海苔 … 各少量
- ポン酢 … 大さじ2

作り方
1. ナメコはさっとゆで、ザルに上げて水気を切り、冷ましておく。オクラはさっと塩ゆでし、1cm厚さの小口切りにする。長イモは皮をむき、1cm角に切る。たくあん漬けも1cm角に切る。納豆は軽く混ぜておく。
2. 1の材料を器に盛り合わせ、かつお節とちぎった海苔をのせ、ポン酢をかける。食べるときに全体を混ぜ合わせる。

ブロッコリーの蟹となめこのあんかけ

ナメコのとろみは、あんにもぴったりです。
アスパラガス、ホウレン草などに合わせてもいいでしょう。
(料理／菰田欣也)

材料(2人分)
- ブロッコリー … 80g
- カニのほぐし身 … 50g
- ナメコ … 50g
- A
  - 塩 … 小さじ2/3
  - サラダ油 … 小さじ1/3
- 鶏ガラスープ … 300g
- B
  - 塩 … 小さじ1/5
  - 砂糖 … 小さじ1/3
  - コショウ … 少量
  - 酒 … 大さじ1/2
- 水溶き片栗粉 … 大さじ1
- 卵白 … 大さじ1

作り方
1. ブロッコリーを小房に切り分ける。
2. 水1ℓにAを入れて沸かし、1のブロッコリーを入れてゆでる。水気を切り、器に盛っておく。
3. 鶏ガラスープにカニの身、ナメコを入れて熱し、Bで味つける。沸いたらいったん火を止めて水溶き片栗粉を加え、再び沸かしてとろみをつけ、卵白を加える。
4. 3のあんを2にかける。

ポイント
野菜に合わせるあんは、味を少し薄めにしてとろみも弱くすると、野菜の味が活きる。

なめこ

なめこ入りホットサワースープ

なめこと柿の木茸のトマトゼリー寄せ

マッシュルーム

どちらかといえば、「洋」の料理に使われることの多いキノコ。
バターやオイル、クリーム系のソースとも相性がよく、
料理の付け合わせにもよく使われます。
生で食べることもでき、サラダや和え物に使うと、
また違った味や食感が楽しめます。

マッシュルームと鶏肉の煮込み

なめこ入りホットサワースープ

酸味をきかせたさっぱり味のスープです。
ナメコの自然なとろみがしっくりとなじみます。
（料理／菰田欣也）

材料（2人分）

ナメコ … 50g
セロリ … 40g
トマト … 1/2個（50g）
卵 … 1/2個分
A
　鶏ガラスープ … 500cc
　塩 … 小さじ1/4
　コショウ … 10ふり
　紹興酒 … 大さじ1
水溶き片栗粉 … 大さじ1 1/2
酢 … 大さじ1

作り方

1. セロリとトマトは、8mm角に切る。
2. 鍋にAを合わせて火にかけ、ナメコと1を入れる。
3. 沸いたらいったん火を止めて水溶き片栗粉を加え、再び沸かしてとろみをつける。溶き卵をまわし入れ、最後に酢を加えてでき上がり。

ポイント

コショウは入れすぎかと思うぐらいにしっかり入れて、辛みをきかせたほうがおいしい。

なめこと柿の木茸のトマトゼリー寄せ

トマトの酸味とキノコのぬめりが相性よし。
和食の酢の物にも似た、さっぱりとした一品です。
（料理／佐藤 護）

材料（作りやすい量）

ナメコ … 1パック
カキノキダケ（※） … 1パック
トマト … 4個
塩、砂糖、白ワインビネガー … 各適量
板ゼラチン … 1枚（3g）
　＊200ccの水に浸けてふやかす。
プチトマト（くし形切り） … 適量
オリーブ油 … 適量
バジリコ … 少量
※カキノキダケ：ブラウン系エノキの一商品名。

ポイント

キノコのつるっとした食感を活かすため、ゼリーはゆるめに作る。

作り方

1. ナメコとカキノキダケは塩を加えた湯でさっとゆで、ザルにのせて冷ましておく。
2. トマトはヘタを取り、縦4つ割に切って、水100ccとともにミキサーにかける。
3. 2を鍋に入れて沸かし、塩、砂糖、白ワインビネガーで好みの味に調える。ペーパータオルで漉す。
4. 3のトマト水200ccにつき、水でふやかしたゼラチン3gを加えて溶かす。
5. カクテルグラスに1のキノコとプチトマトを盛り、4のトマトゼリーを注ぎ、冷蔵庫で冷やし固める。
6. オリーブ油をまわしかけ、バジリコを飾り提供する。

マッシュルームと鶏肉の煮込み

マッシュルームに細かい包丁目を入れておくと、味が染みやすくなります。
(料理／菰田欣也)

材料(2人分)

マッシュルーム(白) … 2個
マッシュルーム(ブラウン) … 2個
鶏モモ肉 … 100g
奈良漬け … 30g
A
| 塩 … 少量
| コショウ … 少量
| 醤油 … 小さじ1/4
B
| 鶏ガラスープ … 300cc
| 紹興酒 … 大さじ1
| コショウ … 少量
| 醤油 … 小さじ2/3
| オイスターソース … 小さじ2/3
水溶き片栗粉 … 大さじ1
サラダ油 … 小さじ1

作り方

1. マッシュルームは半分に切り(a)、一度ゆでて、水に落とす。冷めたら水気を切り、片側に細かい包丁目を入れる(b)。
2. 奈良漬けは表面を水で洗い、5mm角に切る。
3. 鶏モモ肉は一口大に切り、Aで下味をつける。サラダ油をひいた鍋に入れ、表面が色づくように炒め、取り出す。
4. 鍋にBを合わせて火にかけ、1、2、3を入れて弱火で5分煮込む。
5. いったん火を止めて水溶き片栗粉を加え、再び沸かしてとろみをつける。器に盛る。

ポイント

・生のマッシュルームに切り込みを入れるのは難しいので、一度ゆでてからにするとよい。
・マッシュルームに入れた切り込みの上から、包丁の腹などで押して切り目を少し開くようにするとよい(c。見た目、味の染みやすさ、食べやすさなど)。

a

b

c

マッシュルーム

マッシュルームのカルパッチョ ゴルゴンゾーラソース りんごとクルミ添え

マッシュルーム

マッシュルームの葱ソース和え

トマトのカルパッチョと
シャンピニオンフレッシュ

マッシュルームのカルパッチョ
ゴルゴンゾーラソース りんごとクルミ添え

生のマッシュルームに、リンゴ、クルミ、ゴルゴンゾーラ・チーズの組み合わせが新鮮でおいしい。こぶし大のジャンボマッシュルーム（ポットベラ）を使えば、インパクトも大です。
（料理／佐藤 護）

材料（2人分）

- ジャンボマッシュルーム（ポットベラ。縦2mm厚さに切る）… 1個分
- リンゴ（皮付きで1cm角切り）… 25g
- クルミ（粗みじん切り）… 30g
- ピンクペッパー … 少量
- セルフィーユ … 少量
- 塩、コショウ … 各適量
- レモン果汁 … 適量
- **ゴルゴンゾーラのソース**
  - ゴルゴンゾーラ・チーズ … 適量
  - 赤ワインビネガー … 適量
  - 米油 … 適量
  - 塩、コショウ … 各適量

作り方

1. ゴルゴンゾーラのソースを作る。ゴルゴンゾーラ・チーズに赤ワインビネガーを加えて混ぜる。米油を少しずつ加えながら混ぜて乳化させる。塩、コショウで味を調える。
2. ジャンボマッシュルームを皿に盛り、塩、コショウをし、レモン果汁をかける。1をかけ、リンゴ、クルミ、ピンクペッパー、セルフィーユを散らす。

ポイント

- マッシュルームはみずみずしいフレッシュなものを使う。
- 時間が経つとマッシュルームが苦くなるので、作りおきにはむいていない。作ったらできるだけ早めに食べる。

ジャンボマッシュルーム（ポットベラ）

マッシュルームの葱ソース和え

加熱したものとはまた違った、生のマッシュルームの香りと食感を楽しんでください。
（料理／菰田欣也）

材料（2人分）

マッシュルーム … 100g
長ネギ（みじん切り）… 1本分（70g）
A
　塩 … 小さじ1/5
　砂糖 … 小さじ1/4
　日本酒 … 大さじ1/2
　コショウ … 少量
　ニンニク（みじん切り）… 1/2粒分
オリーブ油 … 50cc
香菜（みじん切り）… 1本分

作り方

1. マッシュルームは縦薄切りにする。
2. 長ネギを耐熱のボウルなどに入れ、Aを加えておく。鍋で高温に熱したオリーブ油を上からかけ、香菜を加えて混ぜる。
3. 2に1を入れて和え、器に盛る。

トマトのカルパッチョとシャンピニオンフレッシュ

色とりどりのトマトの上の、マッシュルームの白色が効果的。味と食感もいいアクセントになっています。
（料理／谷 昇）

材料（1人分）

プチトマト（いろいろな色のもの）
　　… 60g
マッシュルーム … 15g
オリーブ油 … 適量
塩 … 少量

作り方

1. プチトマトを横に薄切りにし、皿に敷く。オリーブ油をふり、軽く塩をふる。
2. マッシュルームをマッチ棒状に切り、1に散らす。

ポイント

新鮮なマッシュルームであれば薄切りでもよい。

マッシュルーム

フジローニ マッシュルームのラグー

マッシュルーム

マッシュルームのカプチーノ ポルチーニのマドレーヌ添え

フジローニ マッシュルームのラグー

ウンブリア地方でよく食べられるキノコソースのパスタ。
本来はトリュフを使いますが、ここではマッシュルームで作りました。
これでも充分においしい。

(料理／佐藤 護)

材料 (1人分)

ラグー (作りやすい量。
でき上がり450g)
| マッシュルーム (白) … 200g
| マッシュルーム (ブラウン) … 200g
| ニンニク (みじん切り) … 1/2粒分
| タカノツメ (種を除き、粗みじん切り)
| … 1/2本分
| アンチョビー (みじん切り) … 20g
| オリーブ油 … 150cc
| 塩、コショウ … 各適量
無塩バター … 20g
フジローニ (なければ他のパスタでもよい)
    … 50〜60g

作り方

1. ラグーを作る。マッシュルームは4等分ほどに切り、ロボクープで粗みじんにする(ab)。
2. フライパンにニンニク、タカノツメ、オリーブ油100ccを入れて弱火にかける。油に香りが移ったら、アンチョビーを加えて更に炒める(c)。
3. 1のマッシュルームを2に加えて炒める(d)。塩、コショウ、オリーブ油50ccを加えて味を調え(e)、20分ほど弱火で煮る(f。コンフィのイメージ)。
4. 3のラグーを130g (1人分) 鍋に入れて温め、バターを加え、フジローニ (塩を加えた湯でゆでたもの) を入れてからめる。

ポイント

- マッシュルームは丸のままロボクープにかけるとうまくみじん切りにできないので、4等分ほどに切ってから。
- キノコは水分が多く水っぽくなりがちなので、あまり細かく砕きすぎないように注意する。
- オイルの中でじっくり水分を飛ばし、旨みを抽出するイメージで。

マッシュルームのカプチーノ
ポルチーニのマドレーヌ添え

マッシュルームの風味が濃厚なスープに、
ポルチーニ風味の小さなマドレーヌを添えました。
（料理／佐藤 護）

材料（作りやすい量）

マッシュルームのスープ

A
- マッシュルーム（薄切り）… 1パック分
- エリンギ（薄切り）… 1パック分
- 玉ネギ（薄切り）… 1/2個分

B
- 無塩バター … 50g
- オリーブ油 … 50cc

牛乳 … 400cc
生クリーム … 300cc

ポルチーニのマドレーヌ

C
- 卵 … 2個
- パルミジャーノ・レッジャーノ・チーズ（パウダー）… 40g
- ポルチーニパウダー（市販品）… 10g

D
- 小麦粉（ふるっておく）… 120g
- ヘーゼルナッツパウダー（ヘーゼルナッツをミキサーで粉にしたもの）… 30g
- グラニュー糖 … 5g
- ベーキングパウダー … 小さじ1
- 塩 … 2g
- 白コショウ … 1g

無塩バター（溶かしておく）… 110g
トリュフオイル … 20g

作り方

1. マッシュルームのスープを作る。鍋にBとAを入れ、弱火で炒める。しんなりしたら牛乳と生クリームを加えて20分ほど煮る。ミキサーにかけてスープにする。
2. ポルチーニのマドレーヌを作る。Cを混ぜ合わせ、Dを加え、更に溶かしバター、トリュフオイルを加えてさっくり混ぜる。小さめのマドレーヌ型に流し入れ、180℃のオーブンで12～15分焼く。
3. 1をカップに入れ、仕上げに温めた牛乳（分量外）をミルクフォーマーで泡立ててのせ、カプチーノのように仕上げ、ポルチーニパウダー（分量外）をふる。2にもポルチーニパウダー（分量外）をふって添える。

ポイント

- マドレーヌの生地を作る際に、粉を入れてから混ぜすぎると粘るので、さっくり混ぜ合わせる。
- マドレーヌを大きめの型で作る場合は、焼き時間をもう少し長くする。

きくらげ・はなびら茸

どちらもコリコリとした食感に特徴のあるキノコです。
キクラゲは、生のものも出回るようになり、
美容や健康にいいキノコとして、特に女性に人気があります。

きくらげ、はなびら茸、豚スペアリブのマルサラ酒煮込み

きくらげ・はなびら茸

きくらげのピリ辛和え

レタスときくらげの
オイスターソース炒め

きくらげ、はなびら茸、豚スペアリブのマルサラ酒煮込み

キノコとマルサラ酒は好相性。キクラゲもハナビラタケも、長時間煮込んでも煮崩れせず、コリコリとした食感が残りおいしいアクセントになります。

(料理／佐藤 護)

材料（作りやすい量）

豚骨付きスペアリブ … 1.5kg（5～6本）
キクラゲ（生）… 60g
ハナビラタケ … 60g
ジャガイモ（1cm角切り）… 200g
マルサラ酒 … 400cc
ローリエ … 1枚
塩、コショウ … 各適量

ソフリット
ニンジン（みじん切り）… 1/2本分
玉ネギ（みじん切り）… 1個分
セロリ（みじん切り）… 1本分
ニンニク（みじん切り）… 1/2粒分
タカノツメ（粗みじん切り）… 適量
オリーブ油 … 適量

作り方

1. ソフリットの材料をすべて鍋に入れ、弱火でよく炒める(a)。
2. スペアリブに塩をし、強火にかけたフライパンに脂身側から入れて焼いていく（脂を落とすように）。途中で裏返し、全体に焼き色がついたら(b)1の鍋に肉だけ移す(c)。
3. 2のフライパンに残った余分な脂をふき取り、キクラゲ、ハナビラタケを入れて炒め(d)、軽く塩、コショウをする。マルサラ酒を加えてアルコールを飛ばし(e)、2の鍋に移す(f)。
4. ローリエを半分に割って入れ、水をひたひたに（約700cc）加え(g)、ジャガイモも加えて強火にかける(h)。沸いたら蓋をし、弱火にしてやわらかくなるまで約40分煮る。そのまま自然に冷まして、味を染み込ませる。

ポイント

ジャガイモを加えることにより、自然なとろみがつく。

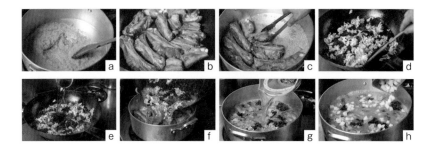

きくらげのピリ辛和え

キクラゲの歯応えと、ラー油をきかせたピリ辛風味。
後を引くおいしさです。
（料理／菰田欣也）

材料（2人分）

キクラゲ（生）… 85g
赤唐辛子（生）… 1本
ピーマン … 1個
A
　砂糖 … 小さじ1/3
　酢 … 小さじ1/3
　黒酢 … 小さじ1½
　醤油 … 小さじ1
　ラー油 … 小さじ1
　塩 … 少量

作り方

1．キクラゲは食べやすい大きさに手でちぎり、ゆでてザルに上げ、水気を切る。
2．赤唐辛子は小口切りに、ピーマンは2cm角に切る。それぞれ鍋で空煎りする。
3．Aはボウルで混ぜ合わせておく。
4．1、2を3のボウルに入れて和え、器に盛る。

ポイント

- 乾燥のキクラゲを使う場合は、水で戻した後、塩と片栗粉でもみ洗いしてから使うとよい。
- 生の唐辛子がなければ、赤ピーマンやパプリカで代用できるが（切り方はピーマンと同じ）、辛さは変わる。

レタスときくらげのオイスターソース炒め

シャキシャキしたレタスとコリコリしたキクラゲ。
これも食感の違いがおいしさの要。
（料理／菰田欣也）

材料（2人分）

レタス … 140g
キクラゲ（生）… 50g
長ネギ（細いもの）… 1/5本分
生姜 … 1カケ
A
　日本酒 … 大さじ1
　オイスターソース … 小さじ1
　醤油 … 小さじ1/2
　コショウ … 少量
　砂糖 … 小さじ1/3
サラダ油 … 小さじ1

作り方

1．レタスとキクラゲは食べやすい大きさに手でちぎる。キクラゲはゆでてザルに上げ、水気を切る。
2．長ネギは1cm幅の小口切りにし、生姜は1cm角の薄切りにしておく。
3．鍋にサラダ油を熱し、2のネギと生姜を入れて、香りを出すように炒める。
4．香りが出てきたら1のキクラゲ、レタス、Aを入れて炒め合わせる。器に盛る。

ポイント

レタスはすぐに火が通るので、炒めすぎに注意する。

えびとはなびら茸の塩味炒め

食感がしっかりしているハナビラタケは、油をあまり吸わず、炒め物に使いやすいキノコです。
(料理/菰田欣也)

材料(2人分)

むきエビ … 6本
ハナビラタケ … 80g
グリーンアスパラガス … 30g
長ネギ(細いもの) … 1/5本分
生姜 … 1カケ
A
　塩 … 少量
　コショウ … 少量
　日本酒 … 小さじ2
　片栗粉 … 小さじ2
B
　日本酒 … 大さじ1
　鶏ガラスープ … 大さじ1
　塩 … 小さじ1/5
　砂糖 … 小さじ1/2
　コショウ … 少量
　牛乳 … 小さじ1
　片栗粉 … 小さじ1/4
　＊合わせておく。
揚げ油(サラダ油) … 適量

作り方

1. エビは塩と片栗粉(各分量外)をまぶしてもみ、水洗いして汚れを落とす。ペーパータオルなどで、水気をしっかり取る。
2. 1のエビにAで下味をつける。
3. ハナビラタケは小房に切り分ける。アスパラガスは根元の硬い部分を切り落とし、3cm長さのまわし切りにする。
4. 長ネギは1cm幅の小口切りに、生姜は1cm角の薄切りにする。
5. 鍋に油を入れて低温に熱し、2のエビ、3のアスパラガス、ハナビラタケを通して取り出す。
6. 油をあけた5の鍋に、あらたにサラダ油小さじ1をひき、4の長ネギと生姜を入れて弱火で炒める。香りが出たら5を入れ、Bを加えて炒め合わせ、器に盛る。

ハナビラタケ

きくらげ・はなびら茸

はなびら茸と挽き肉のパラパラ炒め

カリッと揚げたハナビラタケの食感は、クセになります。
(料理／菰田欣也)

材料（2人分）

ハナビラタケ … 100g
インゲン … 40g
豚挽き肉 … 50g
干しエビ … 大さじ2
　＊少量の水に浸けて戻し、
　みじん切りにしておく。
長ネギ（みじん切り）… 大さじ2
A
　｜日本酒 … 小さじ1
　｜砂糖 … 小さじ1/4
　｜醤油 … 小さじ1/4
　｜コショウ … 少量
揚げ油（サラダ油）… 適量

作り方

1. ハナビラタケは小房に切り分け、180℃の油で茶色く色づくまでカリッと揚げて、取り出す。
2. インゲンは3㎝長さに切り、油通しして取り出す。
3. 油をあけた2の鍋に、あらたにサラダ油を少量ひき、豚挽き肉を炒めて取り出す。
4. 鍋にサラダ油小さじ1をひき、干しエビを入れて弱火で炒める。香りが出てきたら1、2、3、長ネギを入れて炒める。
5. Aを加えて炒め合わせ、器に盛る。

ポイント

カリッと揚げた食感を活かすため、味つけでなるべく水分を使わない。干しエビやネギを炒めて、香りをしっかり出すとよい。

やまぶし茸

何といってもその見た目に
インパクトのあるキノコです。
山伏の装束の胸に付いた飾りに
似ているところからの名です。中国では古来より
宮廷料理の食材として珍重されてきましたが、
最近日本でも一般に出回るようになり、
認知症予防などによいとされ注目されています。

やまぶし茸の干し貝柱煮込み

白いモコモコした見た目が
印象的なヤマブシタケは、
独特な香りがある個性的なキノコ。
この色を活かすなら、煮込みも
クリアな仕上がりに。
炒め物などにはむいていません。
（料理／菰田欣也）

材料（2人分）

ヤマブシタケ … 150g
干し貝柱 … 2個
黄ニラ（みじん切り）… 30g
A
  鶏ガラスープ … 300cc
  日本酒 … 大さじ1
  紹興酒 … 大さじ1
  塩 … 小さじ1/4
  砂糖 … 小さじ1/3
  コショウ … 少量
水溶き片栗粉 … 大さじ1 1/2

作り方

1. ヤマブシタケは適当な大きさ（2〜3等分ほど）に切り、一度ゆでて、水に落とす。冷めたらザルに上げて、水気を切る。
2. 干し貝柱は水に浸け、セイロ（蒸し器）で蒸して、戻しておく。
3. 鍋にAを合わせて火にかけ、1のヤマブシタケと2の貝柱（戻し汁ごと）を入れ、弱火で3分煮込む。
4. 煮えたら黄ニラを加え、いったん火を止めて水溶き片栗粉を加え、再び沸かしてとろみをつける。

ヤマブシタケ

やまぶし茸入りスープ

スープの具材として使いやすいキノコです。ここでは蒸しスープにして
じっくりと味を含めました。ベーコンの香りとも合わさり、よりおいしくなります。
(料理／菰田欣也)

材料(2人分)

ヤマブシタケ … 70g
ベーコン … 40g
緑豆 … 20g
長ネギ … 5㎝
生姜 … 1カケ
鶏ガラスープ … 240cc
A
└ 酒 … 大さじ1
└ 塩 … 少量
└ コショウ … 少量

作り方

1. 緑豆は半日水に浸け、セイロ(蒸し器)で20分蒸して戻しておく。
2. ヤマブシタケは一口大に切り、一度ゆでて、水に落とす。ベーコンは拍子木切りにし、一度ゆでる。長ネギと生姜は薄切りにする。
3. 水気を切った1と2を器に入れ、Aで味つけした鶏ガラスープを張り、蓋をして(またはラップをし)、セイロ(蒸し器)で1時間蒸す。

やまぶし茸

松茸・ポルチーニ（ドライ）

どちらも代表的な高級キノコで、香りに特徴があります。マツタケは、比較的手頃な輸入品も多く出回っています。イタリアの秋の味覚に欠かせないポルチーニ（仏語名：セップ）は、乾燥品（ドライ）が入手しやすく、使いやすいでしょう。

松茸たっぷりスープ

マツタケをたっぷり使った、中国料理の贅沢なスープです。
（料理／菰田欣也）

材料（2人分）

マツタケ … 1本
ヘベス（なければスダチでもよい※）
　… 1/2個
A
　鶏ガラスープ … 400cc
　紹興酒 … 大さじ1
　醤油 … 小さじ1/4
　オイスターソース … 小さじ1/4
　砂糖 … 小さじ1/3

※ヘベス：宮崎県日向地方特産の柑橘。スダチなどに似ているが、皮が薄く、種が少なく、果汁が多いのが特徴。

作り方

1. マツタケは石づきを切り落とし、縦薄切りにする。ヘベスは横薄切りにする。
2. 土鍋に1を入れ、Aを加えて火にかける。マツタケに火が通ったらでき上がり。

ポイント

マツタケは火を通しすぎないほうが、味、香りともによい。

マツタケ

松茸と魚介のカルトッチョ

アルミホイルを利用して作る、手軽な包み焼きです。包んで蒸し焼きにすることにより、香りも旨みも閉じ込めます。包みを開けると、マツタケがふわっと香ります。
（料理／佐藤 護）

材料（1人分）

マツタケ … 1本
鯛（切り身。塩をする）… 1切れ
アサリ（砂抜きしたもの）… 3個
ムール貝（下処理をしたもの）… 2個
むきエビ … 3本
イカ（輪切りにしたもの）… 3切れ
ニンニク … 1/2粒
イタリアンパセリ（みじん切り）… 少量
オリーブ油 … 50cc
白ワイン … 50cc
レモン果汁 … 10cc
無塩バター … 10g

ポイント

魚介はあらかじめ火を通しているので、アルミホイルに包んでから長く加熱する必要はない。膨らんだらすぐに提供し、マツタケのフレッシュな香りと食感を楽しんでいただく。

作り方

1. マツタケは縦半分に切り、更に縦に2〜3mm厚さに切る。一部（端の部分など）は、ソースに使用するためせん切りにする。
2. フライパンにオリーブ油（分量外）とニンニクを入れて弱火で熱する。ニンニクの香りが立ったら塩をした鯛を入れてソテーする。
3. 2にアサリとムール貝、白ワインを加えて蓋をする。貝の殻が開いたらエビ、イカ、せん切りにした1のマツタケを入れる。火が通ったらレモン果汁、バター、イタリアンパセリを加え、すぐに火からおろす。
4. バター（分量外）を塗ったアルミホイルに3を入れ、薄切りにした1のマツタケをのせる。オリーブ油をまわしかけ、アルミホイルで包む。
5. 4を220℃のオーブンに入れ、膨らんだらオーブンから出して、串で穴を開けて縮みを防ぐ。皿に盛り付けてからアルミホイルを破る。

松茸・ポルチーニ（ドライ）

松茸と豚肩ロース肉の黒こしょう炒め

豚肩ロース肉とマツタケを合わせた贅沢な一品です。
目先の変わったマツタケ料理として、ご家庭でもぜひお試しください。
（料理／菰田欣也）

材料（2人分）

豚肩ロース肉 … 200g
マツタケ … 1本
万願寺唐辛子（乱切り）… 2本分
プチトマト … 4個

A
| 塩 … 小さじ1/4
| コショウ … 少量
| 日本酒 … 大さじ2
| 片栗粉 … 大さじ1

B
| 水溶き片栗粉 … 大さじ1
| コーンスターチ … 大さじ2

C
| 砂糖 … 大さじ1/2
| 日本酒 … 大さじ1
| 紹興酒 … 大さじ1
| 醤油 … 大さじ1/2
| オイスターソース … 大さじ1/2
| 黒コショウ … 少量
| 鶏ガラスープ … 大さじ1
| 片栗粉 … 小さじ1/3
| ＊合わせておく。

揚げ油（サラダ油）… 適量

作り方

1．豚肩ロース肉は5mm厚さのスライスにし、**A**で下味をつけておく。
2．マツタケは石づきを切り落とし、縦横2等分に切る。下の部分は縦4等分の拍子木切りにし、上の部分は4等分のくし形に切る（a）。合わせてボウルに入れ、**B**の水溶き片栗粉をからめてから（b）、コーンスターチをまぶす（c）。
3．鍋に油を熱し、1を入れ、続いて万願寺唐辛子とプチトマトも入れて（d）、取り出す（e）。続いて2のマツタケを油に入れ、取り出す（f）。
4．油をあけた3の鍋に、3の材料を戻し入れ、**C**を加えて炒め合わせる（gh）。

ポイント

・豚肉は固くならないように、下味のときに水分（日本酒）を加えておく。
・マツタケにコーンスターチをまぶしておくと、水分が飛びにくく、味もよくからむ。水溶き片栗粉をからめてからコーンスターチをまぶすと、コーンスターチがつきやすい。

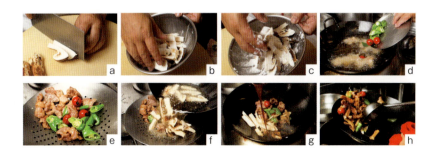

ドライポルチーニのソースと
タレッジョ・チーズ入りポレンタ

ドライポルチーニの旨みを活かしたトマトソースは、パスタに合わせても。
（料理／佐藤 護）

材料（3〜4人分）

ポルチーニ（ドライ）… 90g
玉ネギ（みじん切り）… 1/2個分
ニンニク（みじん切り）… 1/2粒分
タカノツメ … 1/2本
赤ワイン … 200cc
トマトホール … 180cc
ハチミツ … 20g
オリーブ油、塩、コショウ … 各適量
ポレンタ
 ポレンタ粉 … 140g
 塩 … 少量
 オリーブ油 … 少量
 タレッジョ・チーズ … 50g

作り方

1. ドライポルチーニは400ccの水に半日ほど浸けて戻し、きれいに掃除する。戻し汁は、サラシまたはペーパータオルで漉しておく。
2. フライパンにオリーブ油、ニンニク、タカノツメを入れて熱し、ニンニクの香りが立ってきたら玉ネギを加え、透き通るまで炒める。1のポルチーニを加えて炒め、軽く塩、コショウをする。
3. 2に赤ワインを入れてアルコールを飛ばし、水分がほとんどなくなるまで煮詰める。トマトホール、1の戻し汁250cc、ハチミツを加えて20分煮る。
4. ポレンタを作る。鍋に500ccの湯を沸かして塩とオリーブ油を加え、ポレンタ粉を一気に入れて泡立て器で混ぜる。蓋をせず、弱火で40分ほど炊く。仕上げにタレッジョ・チーズを加える。
5. 皿に4のポレンタを盛り、3のソースをかける。パルミジャーノ・チーズ（分量外）を削りかける。

ポルチーニ（ドライ）

ミックス

いろいろな種類を混ぜて使うことで、味や歯応え、香りなどに深みが出て、おいしさが増すのもキノコの魅力です。ここからは、3種類以上のキノコを使用する、ミックスキノコ料理をご紹介します。

ポーチドエッグといろいろきのこ

低温のオーブンでゆっくり乾燥させたキノコの食感がおもしろい。
1種ずつ味わいながら食べたり、全体を混ぜ合わせて食べたり。お好みでどうぞ。
(料理／谷 昇)

材料（1人分）

ポーチドエッグ（63.5℃の湯で1時間ゆで、ポーチドエッグ風にした卵）… 1個
A（作りやすい量）
　玉ネギ（5mm角切り）… 60g
　ニンジン（5mm角切り）… 60g
　セロリ（5mm角切り）… 30g
　マッシュルーム（5mm角切り）… 10g
無塩バター … 30g
塩 … 少量
乾燥キノコ（いろいろな好みのキノコを、90℃のオーブンでゆっくり乾燥させたもの）… 適量
ニンニクのピュレー（右記参照）… 15g

作り方

1. Aをバターとともに鍋に入れ、焦がさないようにゆっくり火を通し、塩をする。
2. 器にニンニクのピュレーを敷き、中央に1と割り出したポーチドエッグを盛り付ける（写真は卵の上に市販の炭塩をのせたもの）。まわりに乾燥キノコを添える。

ニンニクのピュレー（作りやすい量）

ニンニク … 1房分
ブイヨン（※）… 400g
無塩バター … 20g

※ブイヨン：水1ℓに鶏ガラスープの素5gを溶かす。

1. ニンニクは皮をむき、一度ゆでておく。
2. 鍋にブイヨン、バター、1のニンニクを入れて火にかけ、ニンニクがやわらかくなるまで煮る。
3. 2をすべてミキサーにかけて、ピュレーにする。

ミックス[フレンチ・イタリアン]

キノコのソテー

この本では、ソテーしたミックスキノコをさまざまな料理に使用しています。
ここでは基本的なバターソテーの仕方をご紹介します。
バターでソテーするときは、バターを焦がしバター(ブール・ノワゼット)にしてから
キノコを加えると脂っぽくなりません。バターの焦がしぐあいや、
炒め加減によってキノコは大きく変わるので、
その後の使い方を考えて調整するといいでしょう。
(料理/谷 昇)

材料(作りやすい量)

いろいろなキノコ
(好みのものを数種。特に決まりはない)
 … 1kg
無塩バター … 150g
塩 … 10g
コショウ … 適量

いろいろなキノコ(トキイロヒラタケ、ブナピー、シメジ、エリンギ、チイタケ、タモギタケ、ヒラタケ、ヤナギマツタケ、マッシュルームなど)

作り方

1. キノコは石づきを切り落とし、適当な大きさに切り分けておく。
2. フライパンに無塩バターを入れて火にかける(a)。溶けて大きな泡が出てくるので(b)、フライパンをまわして混ぜ続けながら熱する(cd)。
3. 泡が細かくなって薄茶色に色づいてきたら(焦がしバター。ef)、1のキノコを入れて強火にし(g)、塩、コショウをふり(h)、ときどき混ぜながら好みの状態になるまで炒める(i)。

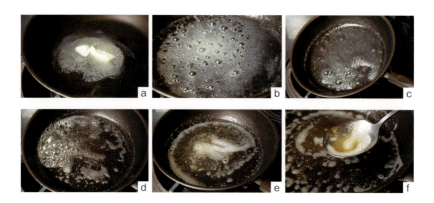

ポイント

- さっと炒める場合は、ある程度濃い色の焦がしバターで炒め、バターのいい香りをまとわせて（溶かしただけのバターに入れても、この香りはつかない）取り出す（j）。まだ水分がキノコにたっぷり含まれた状態で、そのままおいておくとキノコから水分が出てくる。その後ソースやクリームなどと合わせる料理に使用する場合によい。

- 左記の状態から更に炒め続けると（k）、キノコから水分が出はじめ、しんなりとして味に深みが出て、香りもバターの香りからキノコの香りに変わってくる（l）。キノコソテーとして食べるならこれが一番おいしい。みじん切りのエシャロットや玉ネギ、トマトなどを加えて一品料理としてもよい。

- 香りは焼くことによって出るので、焼き付けて、ときどき返しながら炒める（ずっと混ぜ続けても香りは出ない）。

キノコのピュレー

いろいろなキノコを混ぜて作るピュレーも、さまざまな料理に使うことができます。
（料理／谷 昇）

材料（作りやすい量）

A
　いろいろなキノコ
　　　（好みのものを数種。
　　　特に決まりはない）
　　　… 600g
　無塩バター … 80g
　塩 … 5g
ブイヨン（※）… 500g
生クリーム … 400g

※ブイヨン：水1ℓに鶏ガラスープの素5gを溶かす。

作り方

1. Aでキノコのソテーを作る（前頁参照）。
2. 1にブイヨン、生クリームを加えてミキサーにかける。

ポイント

- ブイヨン＋生クリームの代わりに牛乳を使用してもよい。

ミックス［フレンチ・イタリアン］

玉子のブルイエ

とろとろのスクランブルエッグに、いろいろなキノコを
楽しく盛り付けました。一緒にすくって食べてください。
（料理／谷 昇）

材料（2人分）

卵 … 2個
生クリーム（または牛乳）… 10g
無塩バター … 10g
塩 … 0.5g
キノコのソテー（p.90参照）… 40g

作り方

1. ボウルに卵を割り入れ、生クリーム、バター、塩を加え、泡立てないようによく混ぜる。
2. 1を湯煎にかけながら、好みの固さになるまで混ぜる。
3. 2を器に盛り、上にキノコのソテーをあしらう。

ポイント

スクランブルエッグは必ずとろとろに仕上げること。

ミックス［フレンチ・イタリアン］

きのことじゃがいものソテー

シンプルですが、おいしい組み合わせです。
（料理／谷 昇）

材料（作りやすい量）

キノコのソテー（p.90参照）… 400g
ジャガイモ（メークイン）… 400g（約3個）
無塩バター … 20g
サラダ油 … 200cc
塩、コショウ … 各適量
パセリ（みじん切り）… 小さじ1

作り方

1. 皮付きのジャガイモをよく洗う。水気を取り、皮付きのまま乱切りにする。
2. フライパンにサラダ油を入れて160℃に熱し、1を入れて、色よく揚げ焼きにする。油を切る。
3. 油をあけた2のフライパンにキノコのソテー、2のジャガイモ、バターを入れ、合わせながら炒める。塩、コショウで味を調え、最後にパセリをふる。

ポイント

ジャガイモは焦がさないように注意して、しっかりと火を通す。

ミックス[フレンチ・イタリアン]

冷製マカロニときのこのサラダ仕立て

キノコはお好みのものを使ってください。写真のピンク色のキノコは、トキイロヒラタケ。加熱してもきれいな色が残ります。
(料理／谷 昇)

材料（2人分）

マカロニ … 80g
キノコのソテー (p.90参照) … 160g
A（作りやすい量）
　エシャロット（みじん切り）… 40g
　ニンニク（みじん切り）… 5g
　半完熟トマト（みじん切り）… 50g
　生ハム（みじん切り）… 50g
　シェリー酒 … 適量
　オリーブ油 … 20cc＋100cc
　イタリアンパセリ（みじん切り）
　　… 小さじ1
　塩、コショウ … 各適量

作り方

1. 鍋にAのオリーブ油20cc、エシャロット、ニンニクを入れて火にかけ、焦がさないよう軽く炒める。
2. 1にシェリー酒を加えて煮詰める。
3. 2にトマト、生ハムを加えて軽く炒め、仕上げにオリーブ油100ccとイタリアンパセリを加え、塩、コショウで味を調える。
4. マカロニは塩を加えた湯でゆでて、冷ます。
5. 3を50gボウルに入れ、キノコのソテーと4のマカロニを加えて和え、器に盛る。

ポイント

マカロニは少しやわらかめにゆでる。

トキイロヒラタケ

ミックス[フレンチ・イタリアン]

いろいろきのこのサラダ

キノコのソテーとピュレーを使って作る、簡単サラダ。
お米のポンポンで、サクッとした食感を加えます。
(料理/谷 昇)

材料(1人分)

キノコのソテー (p.90参照。
　薄い角切りベーコンを加えて
　ソテーしたもの)
　　… キノコ100g＋ベーコン10g
キノコのピュレー (p.91参照) … 20g
ホウレン草のピュレー
　｜ホウレン草パウダー(市販品) … 1g
　｜オリーブ油 … 2g
　｜＊混ぜ合わせる。
お米のポンポン (ポン菓子風に
作った自家製。下記参照) … 適量

作り方

1. 皿にホウレン草のピュレーとキノコのピュレーを塗り付ける。
2. 1の上に、キノコのソテーを散らして盛り、お米のポンポンをふる。

ポイント

お米のポンポンの代わりにクルトンを使ってもよい。

お米のポンポン (作りやすい量)

1. 米50gを、2ℓの水でやわらかくなるまでゆでる。
2. ザルにあけて流水で軽く洗い、水気を切る。バットに広げる。
3. 80℃のオーブンで3時間乾燥させる。
4. 200℃の油で色付けないようにさっと揚げ、ペーパータオルを広げたバットに取り出し、油を切る。

ミックス［フレンチ・イタリアン］

きのこのスープ

するめいかのグリエときのこ

ミックス［フレンチ・イタリアン］

なすときのこのタルト

ミックス[フレンチ・イタリアン]

きのこのスープ

キノコづくしの食べるスープ。いろいろなキノコを使うことで
味のおもしろさが出ますが、もちろん1種類のキノコでも作れます。
いろいろ試してみてください。
（料理／谷 昇）

材料（1人分）

キノコのピュレー（p.91参照）… 30g
ブイヨン（※）… 15g
キノコのソテー（p.90参照）… 50g
蒸し栗（大きめに切ったもの）… 2個分
クワイ（薄切り）… 1個分
イタリアンパセリ（素揚げした葉）… 5枚

※ブイヨン：水1ℓに鶏ガラスープの素5gを溶かす。

作り方

1. キノコのピュレーにブイヨンを加え、加熱しながら好みの濃度にする。
2. 1を皿に入れ、キノコのソテー、蒸し栗、クワイを盛り、イタリアンパセリの素揚げをあしらう。

するめいかのグリエときのこ

味や食感に変化をつける、キノコソテーの便利な使い方です。
（料理／谷 昇）

材料（1人分）

スルメイカ … 1パイ
キノコのソテー（p.90参照）… 50g
塩 … 少量
オリーブ油 … 少量

作り方

1. スルメイカは下処理をした後、身は切り開いて四角く切り、細かい切り目を格子状に入れておく。バーナーで軽く焼き、軽く塩をふる。足は網焼きにして、塩をふる。
2. 1のイカを器に盛ってオリーブ油をふり、キノコのソテーを添える。

ポイント

新鮮なイカは焼きすぎないこと。

なすときのこのタルト

サクッとした生地の上にしっとりとしたナスとキノコ。
いちばん上にのせたのは、パリパリに焼いたチーズです。
いろいろな味や食感が楽しめます。

(料理／谷 昇)

材料 (1人分)

ナス … 1/2本 (70g)
塩 … 適量
オリーブ油 … 適量
パルミジャーノ・レッジャーノ・チーズ
　(すりおろし) … 10g
キノコのソテー (p.90参照。
　仕上げにイタリアンパセリの
　みじん切りをふったもの) … 80g
タプナードソース (作りやすい量)
＊15gを使用する。
　黒オリーブ (種抜き) … 150g
　アンチョビー … 20g
　バジル … 10g
　オリーブ油 … 適量
　黒コショウ … 適量
　＊合わせてミキサーにかける。
パート・フォンセ (作りやすい量)
　A
　　強力粉 … 100g
　　薄力粉 … 100g
　　無塩バター … 100g
　B
　　塩 … 2g
　　水 … 50cc
　　卵黄 … 20g

作り方

1. パート・フォンセを作る。ボウルにAを入れ、バターを加えて手ですり合わせて混ぜる。
2. Bを合わせて溶き、1に加えてさっくりと混ぜる。まとまってきたら手で押してこねる。指で押してみて、穴が残るようになればよい。ラップフィルムに包み、一晩冷蔵庫でやすませる。
3. 2を薄くのばし、2cm幅ほどの長方形に切り、170℃のオーブンで20分焼く。
4. ナスを焼く。ナスを縦半分に切り、切り口に格子状の切り目を入れ、塩をしておく。オリーブ油をひいたフライパンで両面を焼き、ザルにのせて油を切っておく。
5. パルミジャーノのチュイールを作る。テフロン加工のフライパンにパルミジャーノ・チーズをひき、弱火で加熱する。チーズが溶けて薄く色付いてきたら、フライパンからはがし、リードペーパーの上においておく。
6. 盛り付ける。3を皿に敷き、その上に4のナスをのせ、タプナードソースを塗る。上にキノコのソテーをのせ、5のパルミジャーノのチュイールをのせる。

ミックス［フレンチ・イタリアン］

帆立貝のラビオリ

ミックス［フレンチ・イタリアン］

いろいろきのこのタルタル仕立て

きのこのテリーヌ

ミックス[フレンチ・イタリアン]

帆立貝のラビオリ

薄く切ったホタテを生地代わりに使い、キノコを詰めて作ります。
ロックフォールのソースやクワイを加えて味と歯応えに強弱を。
(料理／谷 昇)

材料(2人分)

ホタテ貝柱(生食用)…2個
デュクセル
　キノコのソテー(p.90参照)…20g
　クワイ(みじん切り)…2個分
　エシャロット(ごく細かいみじん切り)
　　…小さじ1
　無塩バター…5g
ロックフォールソース
　ロックフォール・チーズ…30g
　エシャロット(薄切り)…小さじ1
　白ワイン…100cc
　ブイヨン(※)…20cc
　オリーブ油…30cc
イタリアンパセリ(あれば)…少量

※ブイヨン:水1ℓに鶏ガラスープの素5gを溶かす。

作り方

1. デュクセルを作る。キノコのソテーをごく細かいみじん切りにする。
2. 鍋にみじん切りのエシャロットとバターを入れて火にかけ、泡立つような火加減で炒める。1のキノコとクワイを加えてさっと炒める。
3. ロックフォールのソースを作る。鍋に白ワインと薄切りのエシャロットを入れて火にかけ、充分に煮詰める。ブイヨンを加え、ロックフォール・チーズをつぶしながら加えて混ぜ合わせ、冷ましておく。冷めたらオリーブ油を少量ずつ加え、混ぜ合わせる。
4. ホタテ貝柱の厚みをそれぞれ4等分に切り、8枚のスライスを作る。
5. 4のホタテを1枚敷いて、2のデュクセルを1/4量のせ、上にもう1枚ホタテをかぶせる(ab)。セルクル型などをかぶせて縁を押し切り、形を整える。もう3個も同様に作る。
6. 器に盛ってイタリアンパセリを飾り、3のソースを流す。

a

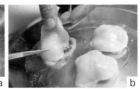
b

いろいろきのこのタルタル仕立て

みじん切り野菜で作る、ラヴィゴットソースを合わせます。
（料理／谷 昇）

材料（2人分）

キノコのソテー（p.90参照）… 40g
ラヴィゴットソース（作りやすい量）
＊20gを使用する。
　玉ネギ … 200g
　ピクルス … 100g
　ケッパー（塩漬け。水で軽く洗う）… 50g
　イタリアンパセリ … 10g
　コショウ … 適量
　＊すべてみじん切りにして、混ぜ合わせる。
フロマージュブラン … 適量

作り方

1. キノコのソテーをみじん切りにしてボウルに入れ、ラヴィゴットソースを20g加えてしっかりと和える。
2. セルクル型などを使って1を皿に丸く盛る。フロマージュブランにラヴィゴットソースを少量混ぜてのせ、好みのサラダなど（写真はセルバチコ）を添える。

ポイント

キノコは必ず包丁で切る。

きのこのテリーヌ

おもてなしにも使えるテリーヌです。キノコをたっぷり使っているので、軽くて食べやすい。温製、冷製どちらでもおいしく食べられます。
（料理／谷 昇）

材料（容量1200ccのテリーヌ型1本分）

キノコのソテー（p.90参照）… 650g
豚モモ肉（ミンチにしたもの）
　… 300g
卵 … 2個
生クリーム … 150cc
塩 … 10g
無塩バター … 適量

ポイント

・ミンチは冷やすことで結着がよくなる。
・重しをのせておかないとスが入った状態になる。
・冷えたテリーヌが型から抜きにくいときは、湯で少し外側を温めるとよい。

作り方

1. 豚肉のミンチは、冷蔵庫で充分に冷やしておく。
2. 1をボウルに入れ、塩を加えてよく練る。
3. 溶いた卵を2に加え、更によく練る。生クリーム、キノコのソテーを加え、全体をよく混ぜる。
4. テリーヌ型の内側にアルミホイルを貼り付けるように敷き、全体にバターを塗る。なるべく空気が入らないようにしながら3を詰め、湯煎にして160℃のオーブンで50分火を入れる（最初の30分は型に蓋をする。その後蓋を取って20分）。
5. オーブンから出し、重し（別のテリーヌ型に水を入れたものなど）をのせて冷蔵庫におく。
6. 型から出して食べやすい厚さに切り、器に盛り、サラダ（写真はセルバチコ）などを添える。

ミックス[フレンチ・イタリアン]

きのこの春巻きロースト

ミックス［フレンチ・イタリアン］

きのこを使ったクロックムッシュ風

きのこのムース

きのこの春巻きロースト

市販の春巻きの皮を使って作れる、簡単おつまみです。
(料理／谷 昇)

材料 (4本分)

キノコのソテー (p.90参照) … 200g
ブルーテソース
| 無塩バター … 20g
| 強力粉 … 20g
| ブイヨン (※) … 200cc
| 塩、白コショウ … 各適量
春巻きの皮 … 4枚
澄ましバター (※) … 適量

※ブイヨン：水1ℓに鶏ガラスープの素5gを溶かす。
※澄ましバター：バターを弱火で加熱して取る上澄み。

作り方

1. ブルーテソースを作る。鍋にバターを溶かし、強力粉を加え、焦がさないよう、色付けないように炒める。
2. 1にブイヨンを少しずつ加えて混ぜ、クリーム状にする。塩、コショウをする。
3. 2にキノコのソテーを加え、よく混ぜる。冷蔵庫で冷やしておく。
4. 春巻きの皮にまんべんなく澄ましバターを塗り(a)、3を横長にのせて(b)、通常の春巻きのように巻いて包む(cd)。
5. 4の上側に澄ましバターを塗り、150℃のオーブンで15分ほど、色よく焼く。

ポイント

- ブルーテソースはクリーム状にきちんと作る。
- 春巻きは、ふわっと巻き上げる。

a

b

c

d

きのこを使ったクロックムッシュ風

ハムとチーズを挟んで作るホットサンド、クロックムッシュに、きのこを加えてボリュームアップ。
（料理／谷 昇）

材料（2人分）

食パン（サンドウィッチ用）… 6枚
キノコのソテー（p.90参照）… 160g
グリュイエール・チーズ（薄切り）… 6枚
生ハム（薄切り）… 4枚
無塩バター … 適量

作り方

1．パンはすべて両面を色よく焼いておく。
2．1のパン1枚の片面にバターを薄く塗り、生ハム1枚、1/4量のキノコのソテー、グリュイエール・チーズ1枚をのせる。両面にバターを塗ったパンをのせ、再び同様に生ハム、キノコのソテー、チーズを重ね、最後に下の面にバターを塗ったパンと、チーズをのせる。もうひとつも同様に作る。
3．2をオーブンに入れ、軽く焼いてチーズを溶かす。器に盛る（写真は飾り切りしたマッシュルームのバターソテーを飾ったもの）。

きのこのムース

キノコと生クリームを合わせて作る、旨みたっぷりのムースです。盛り付け方は自由ですが、ここではキノコパウダーを使って、レストラン仕立てに。
（料理／谷 昇）

材料（8人分）

キノコのピュレー（p.91参照）… 150g
生クリーム … 100g
塩 … 2g
板ゼラチン … 3.5g
デュクセル（p.102参照）… 適量
シイタケのパウダー（シイタケを乾燥させ、
　ミキサーにかけて粉状にしたもの）
　　… 適量

作り方

1．板ゼラチンを水に浸けて戻す。
2．生クリームを八分立てにする。
3．キノコのピュレーと塩を鍋に入れて火にかける。沸騰したら火を止め、1のゼラチンを入れて溶かし、目の細かいザルで漉してボウルに入れる。
4．3が冷えたら、1/4量を2のクリームに加え、混ぜて均一にする。
5．4を残りの3に加え、ボウルの底から上へ返すようにしながら混ぜる。冷蔵庫で冷やし固める。
6．器にデュクセルを丸く敷き、上に5のムースを形作って盛り、まわりにシイタケのパウダーをふる。

ミックス［フレンチ・イタリアン］

きのこのベックオフ風

ミックス［フレンチ・イタリアン］

いっぱいきのこのビーフミロトン

きのこカレー

109

ミックス[フレンチ・イタリアン]

きのこのベックオフ風

ベックオフは、フランスのアルザス地方の煮込み料理です。
材料を鍋に合わせ、オーブンでじっくり火を入れて作ります。
(料理/谷 昇)

材料(2人分)

キノコのソテー (p.90参照) … 200g
ジャガイモ (メークイン。皮をむき、
　3mm厚さの輪切りにしたもの)
　　… 250g
豚肩ロース肉 (塊) … 200g
A
　塩 … 2g
　グラニュー糖 … 1g
　黒コショウ … 0.2g
玉ネギ (くし形切り) … 150g
白ワイン … 150cc
ブイヨン (※) … 150cc

※ブイヨン:水1ℓに鶏ガラスープの素5gを溶かす。

作り方

1. Aを合わせ、豚肩ロース肉にすり込む。ビニール袋などに入れて密封し、冷蔵庫に3日間入れておく。
2. 1の豚肉を3cm角に切る。
3. 蓋付きの鍋にジャガイモ、2の豚肉、玉ネギ、キノコのソテーの順に入れ、白ワイン、ブイヨンを注ぐ。
4. 鍋に蓋をして、150℃のオーブンで1時間30分蒸し焼きにする。

ポイント
汁気が残らないように仕上げる。

いっぱいきのこのビーフミロトン

ハヤシライスの原形ともいわれるフランスの家庭料理。
牛肉のトマト煮です。キノコをたっぷり加えて作ればヘルシーです。
（料理／谷 昇）

材料（作りやすい量）

牛肉（切り落とし）… 350g
オリーブ油 … 20g
A
　キノコのソテー（p.90参照）… 600g
　炒め玉ネギ（粗みじん切りにし、
　　茶褐色になるまで炒めたもの）… 80g
　キュウリのピクルス
　　（コルニション。小口切り）… 80g
　トマト水煮（缶詰。ザルで漉したもの）
　　… 350g
　シェリー酢 … 30g
　ブイヨン（下記※参照）… 2ℓ
塩 … 適量
コショウ … 適量

作り方

1．牛肉は小さめに切り、塩をする。オリーブ油をふりかけ、軽く混ぜる。
2．強火にかけたフライパンで、1の牛肉を色よく炒める。
3．鍋に2の牛肉とAをすべて入れて火にかける。弱めの中火で1時間煮て、充分煮詰める。塩、コショウで味を調える。
4．器に盛り、パセリのみじん切り（分量外）をふる。

ポイント
牛肉は、強火で焼き色がつくように炒める。

きのこカレー

肉も魚介も使わずに、キノコだけで作るカレーです。
（料理／谷 昇）

材料（作りやすい量）

キノコのソテー（p.90参照）… 500g
炒め玉ネギ（粗みじん切りにし、
　茶褐色になるまで炒めたもの）… 150g
ニンニク（みじん切り）… 4粒分
生姜（みじん切り）… 20g
カレー粉 … 20g
フェネグリーク（シード）… 5g
ブイヨン（※）… 2ℓ
塩 … 3g
コショウ … 適量

※ブイヨン：水2ℓに鶏ガラスープの素10gを溶かす。

作り方

1．鍋にフェネグリークを入れて軽く炒める。カレー粉を加え、香りが出るまで更に炒める。
2．1に炒め玉ネギ、キノコのソテー、ニンニク、生姜を加えて炒める。ブイヨンを加え、塩、コショウで味を調える。沸騰後中火にし、20分煮て仕上げる。

ポイント
・半分量で作ってもよい。
・フェネグリークやカレー粉は、焦がさないように炒めて香りを出す。

ポーピエット

ポーピエットは、肉や魚の薄い切り身で具材を巻いて作る料理です。
ここでは刻んだキノコのソテーを巻き込みました。
(料理/谷 昇)

材料(作りやすい量)

鶏胸肉(大) … 1枚(250g)
キノコのソテー(p.90参照) … 120g
A
| 玉ネギ、ナス、ズッキーニ、
| 赤・緑ピーマン … 各適量
ニンニク(みじん切り) … 少量
オリーブ油、塩、コショウ … 各適量

ポイント

- ラップはきちんと巻き付ける。
- ゆで時間と温度を守る。

作り方

1. キノコのソテーは、みじん切りにする。
2. Aの野菜はすべて5mm角に切り、ニンニクとともにオリーブ油でさっと炒め、塩、コショウで味を調え、冷ましておく。
3. 鶏胸肉は皮を取り(皮はフライパンでカリッと焼いておく)、中心にある筋を取り除く。厚みの真ん中に切り目を入れ、観音開きにする。軽く塩をふる。
4. 3の鶏肉の内側に1を薄く塗り、ラップフィルムにのせてうず巻き状に巻く。
5. ラップフィルムでしっかりと巻き(ラップフィルムの両端は中に巻き込む)、タコ糸を全体に巻いてきっちりととめる。
6. 5を70℃の湯で20分ゆで、氷水に取って素早く冷ます。
7. 6(a)を食べやすい厚さに切り、2の野菜をセルクル型を使って丸く敷いた上に盛り、焼いた鶏の皮を添える。

a

きのこのパルマンティエ

フランスの家庭料理アッシェ・パルマンティエ。
通常挽き肉とジャガイモで作りますが、ここでは挽き肉の代わりにキノコを使いました。
肉料理の付け合わせにしてもいいでしょう。
（料理／谷 昇）

材料（作りやすい量）

玉ネギ … 170g
キノコのソテー（p.90参照）… 200g
無塩バター … 50g
ジャガイモ（メークイン）… 500g
生クリーム … 100g
塩 … 5g
パルミジャーノ・レッジャーノ・チーズ
　（すりおろし）… 50g

作り方

1. 玉ネギは薄めのくし形に切り、バターでしんなりするまでゆっくりと炒める。
2. 1にキノコのソテーを加えて合わせる。
3. ジャガイモはよく洗い、皮付きのまま水から入れて、火が通るまでゆっくりゆでる。皮をむいてザルに取り、軽く水分を取る。
4. 鍋に生クリームを入れ、3のジャガイモを加えて塩をし、つぶしながら温める。
5. グラタン皿に2を入れ、上を4のジャガイモで覆う。パルミジャーノ・チーズをふり、170℃のオーブンでしっかりと焼き色をつけてグラタンにする。

きのこのキッシュ

秋らしいキッシュです。キノコはたっぷり使いましょう。
(料理／谷 昇)

材料（直径16cmのキッシュ型1台分）

パート・フォンセ（作りやすい量）
A
　強力粉 … 100g
　薄力粉 … 100g
　無塩バター … 100g
B
　溶き卵 … 20g
　水 … 50g

アパレイユ
C
　溶き卵 … 50g
　生クリーム … 50g
　牛乳 … 50g
　塩 … 1g
ベーコン（拍子木切り）… 20g
グリュイエール・チーズ（すりおろし）
　… 20g
キノコのソテー（p.90参照）… 180g

作り方

1. パート・フォンセを作る。ボウルに**A**を入れ、バターを加えて手ですり合わせて混ぜる。
2. **B**を合わせて溶き、1に加えてさっくりと混ぜる。まとまってきたら手で押してこねる。指で押してみて、穴が残るようになればよい。ラップフィルムに包み、一晩冷蔵庫でやすませる。
3. 2を薄くのばし、キッシュ型に敷き込んで重しを入れ、170℃のオーブンで10分焼く。
4. 3の重しを外して内側に溶き卵（分量外）を塗り、再びオーブンに入れて5分焼く。
5. **C**を混ぜ合わせ、ベーコン、グリュイエール・チーズを加えて4に流し込み、170℃のオーブンで10分焼く。
6. キノコのソテーを5の上に敷き詰め、更に15分焼く。

ポイント

生地（パート・フォンセ）はきっちりと焼き上げる。

ミックス[フレンチ・イタリアン]

生ハムときのこのラザーニア仕立て

生ハムの塩分を生かして作ります。
(料理／谷 昇)

材料（2人分）

生ハム（大）… 3枚
キノコのソテー（p.90参照）… 120g
ブルーテソース
　強力粉 … 20g
　ブイヨン（※）… 300g
　無塩バター … 20g
　生クリーム … 50cc
　塩、コショウ … 各少量
パルミジャーノ・レッジャーノ・チーズ
　（すりおろし）… 20g

※ブイヨン：水1ℓに鶏ガラスープの素5gを溶かす。

作り方

1. ブルーテソースを作る。鍋にバターを溶かし、強力粉を加え、焦がさないよう、色付けないように炒める。ブイヨンを少しずつ加えて混ぜ、なめらかなソースを作り、最後に生クリーム、塩、コショウを加える。
2. グラタン皿にアルミホイルを敷き詰め、生ハムを1枚敷き、キノコのソテーと1のブルーテを適量混ぜたものを半量入れる。これをもう一度繰り返して層にし、最後に生ハムを敷いて残りのブルーテを入れてならし（ab）、パルミジャーノ・チーズをふる（c）。
3. 180℃オーブンで、焼き目がつくまで焼く。

a

b

c

いろいろきのこのシャーベット

キノコ風味のシャーベットです。バルサミコ酢のソースや
ドライフルーツと合わせておしゃれな一品に。
(料理／谷 昇)

材料（1人分）

キノコのシャーベット（作りやすい量）
| キノコのピュレー（p.91参照）
| … 300g
| 牛乳 … 50g
ナスのフォンダン（下記※参照）… 15g
バルサミコ酢のソース
| （バルサミコ酢を1/2量に煮詰めたもの）
| … 10g
ドライフルーツ（5mm角に切ったもの）
　　… 15g

※ナスのフォンダン：ナスを縦半分に切って塩をふり、オリーブ油をひいたフライパンで、色よくしっかりと焼く。油をよく切り、中身をスプーンで取り出して包丁でたたく。

作り方

1. キノコのシャーベット：キノコのピュレーに牛乳を加えてシャーベットマシンにかける。
2. ナスのフォンダンを、セルクル型などを使って丸く皿に敷き、上にキノコのシャーベットを形作ってのせる。まわりにバルサミコ酢のソースを流し、ドライフルーツを添える。

ミックス[フレンチ・イタリアン]

きのことショコラ

一見ナッツのように見えますが、実はキノコです。
(料理／谷 昇)

材料 (作りやすい量)

キノコのソテー (p.90参照) … 30g
チョコレート (製菓用。カカオ61％)
　… 20g
生クリーム … 20cc

ポイント

キノコのソテーは、しっかり炒めたものを使わないと、水分が出てきてしまうので注意。

作り方

1. 生クリームを鍋に入れて火にかけ、沸騰したら火を止めてチョコレートを入れ、混ぜて溶かす。
2. 1にキノコのソテーを入れ、軽く合わせる。
3. ラップフィルムを敷いた型に2を詰め (a)、冷蔵庫で一晩冷やし固める。
4. 食べやすく切り分けて、器に盛る (写真は、薄切りにした生のマッシュルームの上に盛り付け、乾燥マイタケを飾ったもの)。

ミックス［フレンチ・イタリアン］

鶏のコンソメ きのこ風味

卵白を使わずに作れるコンソメ。
屑キノコが卵白と同じ役割を果たしてアクを吸着してくれます。
卵白のにおいも残らないので、すっきりとした仕上がりです。
ここではシンプルにエノキと鶏肉、ジャガイモを合わせて一品に。
（料理／谷 昇）

材料（8〜10人分）

A
- 鶏胸肉（皮なし）… 180g
- キノコ（料理に使えない部分でよい）… 120g
- ブイヨン（※）… 1.2ℓ

B（1人分）
- エノキ（1本ずつにほぐしたもの）… 10g
- ジャガイモ（せん切り）… 5g
- 鶏胸肉（ゆでて細かく裂いたもの）… 8g

※ブイヨン：水1.2ℓに鶏ガラスープの素6gを溶かす。

作り方

1. Aの鶏胸肉とキノコは適宜に切り（a）、ブイヨンとともにミキサーにかけて完全に砕く（b）。
2. 1を鍋に移し（c）、火にかける。鍋肌にあたらないように、ヘラでゆっくり混ぜる（de）。
3. 塊が浮いてきたら火を少し弱め、全体が浮いてきたら混ぜるのをやめ、蓋をせずにそのまま40分間煮る（fgh）。
4. ペーパータオルを使って、3を漉す（ijk）。
5. さっとゆがいたBのエノキとジャガイモ、ゆでて裂いた鶏胸肉を器に入れ、4のコンソメを温めて注ぐ。

ポイント

漉すときは、2つのザルの間にペーパータオルを挟んだところに注いで漉すとよい。

ミックス［フレンチ・イタリアン］

いろいろなきのこのソットオーリオ

キノコをたくさん収穫した際に作る保存食です。
おつまみや料理の付け合わせなど、いろいろに使えて便利です。
(料理/佐藤 護)

材料(作りやすい量)

キノコ(あるものでよい)
| ブナシメジ … 1パック
| 丹波シメジ (p.16参照) … 1パック
| チイタケ (p.16参照) … 1パック
| ヤナギマツタケ (※) … 1パック
| *すべて石づきを切り落とし、
| 適当な大きさに切る。

A
| 白ワインビネガー … 500cc
| 白ワイン … 500cc
| 水 … 500cc
| 塩 … 10g

米油 … 200cc
オリーブ油 … 100cc

B
| 黒粒コショウ … 5粒
| ローリエ … 1枚
| クローブ … 3本
| タカノツメ … 1本
| ニンニク … 1/2粒

*ヤナギマツタケ:「マツタケ」とついてはいても、マツタケの仲間ではない。シャキシャキとした食感が特徴で、味にクセのないキノコ。

作り方

1. Aを鍋に合わせて沸かし、キノコを入れて1分ほどゆでる。取り出してペーパータオルの上にしばらくおき、水分を取る。
2. 保存瓶に1のキノコを入れ、米油とオリーブ油をひたひたに入れ、Bを加え、蓋はせずに20分ほど弱火の湯煎にかける。
3. 保存瓶に蓋をし、逆さまにして冷めるまでおき、真空状態にする。常温で1ヵ月ほど保存できる(一度蓋を開けたら冷蔵保存)。

ポイント

- 保存瓶は一度煮沸消毒しておく。
- キノコにしっかり下味をつけ、弱火でじっくり湯煎にかけて空気を抜く。

ヤナギマツタケ

ミックス［フレンチ・イタリアン］

きのこ、生ハム、セージの
サルティンボッカ

きのことパンのグリル
ラルドのペースト添え

ミックス［フレンチ・イタリアン］

アオスタ風きのことパンのグラタン

きのこ、生ハム、セージのサルティンボッカ

サルティンボッカは「口に飛び込む」という意味。通常は仔牛肉で作ります。
（料理／佐藤 護）

材料（4人分）

キノコ
　ヤナギマツタケ（小房に分ける）… 40g
　エリンギ … 1/2本（40g）
　マイタケ … 30g
生ハム … 4枚
セージ … 4枚
衣
　小麦粉（00粉※）… 50g
　卵 … 1個
　ビール … 25cc
　オリーブ油 … 10g
揚げ油 … 適量
レモン（くし形切り）… 適量
イタリアンパセリ … 少量

作り方

1. キノコは一口大に切り、1/4量ずつ組み合わせてセージをのせ、生ハムで巻く。
2. 衣を作る。卵を卵黄と卵白に分け、卵白は八分立てにする。卵黄はボウルに入れ、小麦粉とオリーブ油、ビールを加えてよく混ぜる。そこに泡立てた卵白を2回に分けて入れ、ゴムベラで泡をつぶさないようにさっくりと混ぜる。ラップをして少しやすませる。
3. 1に2の衣をしっかりまとわせ、180℃に熱した油でしっかり色づくまで揚げる。器に盛り、レモンとイタリアンパセリを添える。

※00粉がなければ、強力粉と薄力粉を半々で混ぜ合わせて使用する。

きのことパンのグリル ラルドのペースト添え

お好みでラルドのペーストをのせ、レモンを絞ってどうぞ。
（料理／佐藤 護）

材料（作りやすい量）

A（キノコ）
　マッシュルーム（縦1cm厚さに切る）… 50g
　エリンギ（縦3枚に切る）… 50g
　アワビタケ（縦半分に切る）… 50g
　マイタケ（適宜に裂く）… 50g
バゲット（1cm厚さに切ったもの）… 3枚
ニンニク … 適量
B（ラルドのペースト）
　ラルド（みじん切り。
　　なければサラミでもよい）… 50g
　ニンニク（みじん切り）… 1/2粒分
　イタリアンパセリ（みじん切り）… 10g
　黒コショウ、塩 … 各適量
レモン（くし形切り）… 適量
イタリアンパセリ（みじん切り）… 少量
オリーブ油、塩、コショウ … 各適量

作り方

1. Aのキノコとバゲットにオリーブ油をふり、グリル板にのせて強火でグリルする。キノコには軽く塩、コショウをしておく。
2. 1のバゲットに、半分に切ったニンニクの断面をこすりつけ、香りをつける。
3. Bを、よく混ぜ合わせておく。
4. 2に1のキノコをのせて皿に盛り、3とレモンを添え、イタリアンパセリとオリーブ油をふる。

アオスタ風きのことパンのグラタン

寒い季節にぴったりの、キノコの香りが漂う熱々のグラタンです。
(料理／佐藤 護)

ミックス[フレンチ・イタリアン]

材料 (作りやすい量)

キノコ (好みのもの数種。
　2〜3mm厚さに切る) … 適量
無塩バター … 適量
ニンニク (みじん切り) … 少量
イタリアンパセリ (みじん切り) … 適量
塩、コショウ … 各適量
バゲット … 適量
卵 … 6個
グラナパダーノ・チーズ (すりおろし。
　またはパルミジャーノ・チーズでもよい)
　　… 60g
A
　生クリーム … 100cc
　牛乳 … 150cc
　＊混ぜ合わせておく。
ナツメグ … 少量
モッツァレラ・チーズ (1cm角切り)
　… 適量
パルミジャーノ・レッジャーノ・チーズ
　(すりおろし) … 適量

作り方

1. バゲットは1cm厚さに切り、180℃のオーブンでカリッと焼く。
2. フライパンにバターとニンニクを入れて熱し、キノコを入れてソテーする。塩、コショウで味を調え、イタリアンパセリをふる。
3. 卵はボウルでよく溶いておく。グラナパダーノ・チーズを加え、泡立て器でよく溶きながら、**A** を少しずつ加えていく。最後に少量の塩、ナツメグを加えて更に混ぜる。
4. 耐熱皿にバターを塗る。2のキノコ、1のバゲットの順に交互に重ねていき、最後に3をかけ、30分やすませる。
5. 4にモッツァレラ・チーズをのせてパルミジャーノ・チーズをふりかけ、180℃のオーブンで30分ほど焼く。

ポイント

パンにしっかり卵液を染み込ませることにより、キノコの旨みも全体にいき渡る。

ミックス［フレンチ・イタリアン］

いろいろなきのこのトルタサラータ

ミックス［フレンチ・イタリアン］

4種のきのこと鶏レバーの赤ワイン煮込み

ミックス[フレンチ・イタリアン]

いろいろなきのことトルタサラータ

イタリア版キノコのタルトです。
(料理／佐藤 護)

材料(直径23.5cmのパイ皿1枚分)

キノコ(マッシュルーム、シイタケなど好みのもの数種)… 300g
　＊石づきを切り落とし、食べやすく切り分ける。
小松菜(ざく切り)… 1束分
玉ネギ(みじん切り)… 1/2個分
ニンニク … 1/2粒
A
　卵 … 2個
　パルミジャーノ・レッジャーノ・チーズ
　　(すりおろし)… 50g
　牛乳 … 500cc
　マジョラム … 1g
　オリーブ油、塩 … 各適量
B(ベシャメル)
　無塩バター … 50g
　小麦粉 … 50g
　牛乳 … 500cc
生地(直径23.5cmのパイ皿2枚分
250g＋飾り用50g)
　小麦粉(00粉※)… 240g
　ぬるま湯 … 100cc
　オリーブ油 … 15cc
　塩 … 少量

※00粉がなければ、強力粉と薄力粉を半々で混ぜ合わせて使用する。

作り方

1. 生地の材料を合わせてこね、まとまってきたら冷蔵庫で1時間ほどやすませる。飾り用に50gほど取りおき、残りを2つに分け、パイ皿のサイズに合わせてそれぞれ丸くのばす。
2. オリーブ油(分量外)をひいたフライパンにニンニクと玉ネギを入れ、弱火で炒める。香りが立ったらキノコと小松菜を入れ、水分が飛ぶまで炒めて冷ましておく。
3. **B**のバターと小麦粉を鍋に合わせて弱火で炒め、ペースト状になったら牛乳を数回に分けて加えながら混ぜ込んでベシャメルを作る。粗熱が取れたら、2と**A**を加えて混ぜる。
4. 1の生地1枚をパイ皿に敷き、3を流す。その上にもう1枚の生地をかぶせて蓋をし、縁の部分をフォークで押しながらしっかりくっつける。上に溶き卵(分量外)を塗り、中央に軽く穴を開け、飾り用に残しておいた生地を細くのばして放射線状に飾る。180℃のオーブンで40分ほど焼く。

ポイント

キノコと小松菜の水分をしっかり飛ばしておくと、中はふっくら、生地はパリッと仕上がる。

ミックス[フレンチ・イタリアン]

4種のきのこと鶏レバーの赤ワイン煮込み

赤ワインをしっかりきかせた鶏レバーの煮込みに、
たっぷりのキノコを加えることで、食べ飽きないおいしさに。
(料理/佐藤 護)

材料（作りやすい量）

A（キノコ）
- マイタケ … 1パック
- 白マイタケ … 1パック
- タモギタケ（※）… 1パック
- シイタケ … 3枚
- ＊石づきのあるものは切り落とし、すべて食べやすい大きさに切っておく。

鶏白レバー … 500g
牛乳 … 適量
塩、コショウ、オリーブ油 … 各適量
ブランデー … 適量

B
- 玉ネギ（薄切り）… 1/2個分
- ニンニク（薄切り）… 1/2粒分
- オリーブ油 … 50cc

C
- 赤ワイン … 800cc
- バルサミコ酢 … 100cc
- グラニュー糖 … 70g
- ローリエ … 1枚
- ローズマリー … 1枝

レーズン（水で戻す）… 適量
無塩バター … 80g
イタリアンパセリ（粗みじん切り。あれば）… 少量

作り方

1. フライパンに**B**の材料を入れ、弱火で炒める。
2. 鶏白レバーは水で軽く洗い、ひたひたの牛乳に浸ける。1時間ほどしたら水分をよく切り、塩、コショウをし、オリーブ油をひいた鍋に入れてソテーし、ブランデーをふる。1を加えて更に炒める。
3. 2に**A**のキノコを加えて炒めた後、**C**を加えて20分ほど煮る。水で戻したレーズンを入れ、仕上げにバターを加える。
4. 器に盛り、イタリアンパセリを散らす。

ポイント

キノコもレバーもしっかり炒めると、味がよくなじみ、冷めてもおいしく食べられる。

※タモギタケ:ヒラタケ科ヒラタケ属のキノコ。黄色いカサの色が特徴。健康に役立つ成分を多く含むことで注目されている（p.90の黄色いキノコ）。

ミックス[フレンチ・イタリアン]

きのことトリッパの煮込み

ミックス［フレンチ・イタリアン］

具だくさんのきのこ、トマト、
赤玉ねぎのスープ

3種のきのこと
仔羊のカッチャトーラ

きのことトリッパの煮込み

トリッパとキノコ。ともに野性味のある素材を合わせました。
(料理／佐藤 謹)

材料（作りやすい量）

A（キノコ）
- チイタケ（石づきを切り落とし、縦半分に切る。p.16参照）… 20g
- ブナシメジ（石づきを切り落とし、1本ずつに分ける）… 25g
- キクラゲ（生）… 15g
- ポルチーニ（ドライ）… 50g

トリッパ … 500g
白ワイン … 500cc
白ワインビネガー … 500cc
赤ワイン … 適量
トマトホール … 400cc
塩 … 適量

ソフリット
- ニンジン（みじん切り）… 1/2本分
- 玉ネギ（みじん切り）… 1/2個分
- セロリ（みじん切り）… 1本分
- ニンニク（みじん切り）… 1/2粒分
- タカノツメ … 1/2本
- オリーブ油 … 適量

パルミジャーノ・レッジャーノ・チーズ（あれば）… 適量

作り方

1. ドライポルチーニは、ひたひたの水に浸けて戻しておく。
2. トリッパは洗って汚れを取り、水3ℓ、白ワイン、白ワインビネガー、塩を加えた湯でやわらかくなるまで1時間ほどゆでる。水気を切り、1.5cm幅に切る。
3. ソフリットを作る。フライパンにオリーブ油とニンニクを入れて熱し、タカノツメ、ニンジン、玉ネギ、セロリを加えてじっくり炒める。
4. 3に2のトリッパを加えて炒め、塩をふる。赤ワインをひたひたに注ぎ、アルコールを飛ばす。トマトホール、1のドライポルチーニ、布で漉したドライポルチーニの戻し汁、Aのキノコを加え、30分ほど煮る。
5. 皿に盛り、パルミジャーノ・チーズをすりおろしてかける。

ポイント
- キノコと似た食感になるまでトリッパをやわらかくゆで、一体感を出す。
- チーズをのせてグラタンにするのもよい。

ミックス［フレンチ・イタリアン］

具だくさんのきのこ、トマト、赤玉ねぎのスープ

キノコと野菜がたっぷりの、食べるスープです。
（料理／佐藤 護）

材料（5～6人分）
キノコ（マイタケ、丹波シメジ、生キクラゲ、山エノキ、ヤマブシタケ、大黒シメジ、カキノキダケなど）… 適量
赤玉ネギ … 小1個
トマト（大）… 6個
パンチェッタ（5mm厚さの拍子木切り）… 50g
ニンニク（みじん切り）… 1/2粒分
塩 … 小さじ1
コショウ … 適量
オリーブ油 … 大さじ3

作り方
1. キノコは石づきのあるものは切り落とし、すべて適当な大きさに切っておく。赤玉ネギは2cm幅のくし形切りにする。トマトは皮を湯むきして、それぞれ6等分に切り分ける。
2. 鍋にオリーブ油、ニンニクを入れて弱火で熱し、香りが立ってきたらパンチェッタ、1の赤玉ネギとキノコを入れて炒める。
3. 2に1のトマトを加えて塩をし、ひたひたの水（500～750cc）を加え、中火で煮る。塩、コショウで味を調え、仕上げにオリーブ油とイタリアンパセリ（各分量外）をふる。

3種のきのこと仔羊のカッチャトーラ

カッチャトーラは「狩人風」という意味。中部イタリアの料理です。
（料理／佐藤 護）

材料（1人分）
骨付き仔羊肉（ラムチャップ）… 2本（計300～320g）
キノコ
　アワビタケ … 10g
　ヒラタケ … 10g
　シメジ … 10g
　＊石づきを切り落とし、食べやすく切る。
ニンニク（薄切り）… 1/2粒分
アンチョビー（フィレ）… 2本
ローズマリー … 少量
トマトホール … 100cc
白ワイン … 55cc
白ワインビネガー … 25cc
塩、オリーブ油 … 各適量

作り方
1. 仔羊肉は塩をふって下味をつけておく。
2. 鍋にオリーブ油とニンニクを入れて火にかける。香りが立ってきたらアンチョビーとローズマリーを加えて炒め、いったん火を止める。
3. 別のフライパンにオリーブ油を入れて火にかけ、1の仔羊肉を脂の面から入れて焼く。両面にしっかり焼き色をつけたら2の鍋に移す。
4. 3のフライパンの脂を捨てて火にかけ、白ワインを加えて旨みをこそげ取り、2の鍋に加える。
5. トマトホール、白ワインビネガー、水100cc、キノコを加えて蓋をし、40分ほど弱火で煮る。
6. 肉に竹串を刺し、やわらかく煮えているか確認した後、塩で味を調える。煮汁に浸したまま自然に冷ます。食べるときにもう一度温め、器に盛ってローズマリー（分量外）を飾る。

ミックス［和食］

きのこのキンピラ

きのこの甘酢漬け

ミックス[和食]

きのこのトマト味噌煮 カレー風味仕立て

ミックス[和食]

きのこのキンピラ

日持ちがするので、キノコをたくさん買ったときに作っておくといいでしょう。
酒の肴にもお弁当にも使えて便利です。
(料理／野永喜三夫)

材料(作りやすい量)

シイタケ … 100g
シメジ … 100g
マイタケ … 100g
エノキ … 100g
タカノツメ … 1本
A
| 酒 … 100g
| 醤油 … 45g
| みりん … 45g
| 砂糖 … 10g
| かつお節 … 5g
ゴマ油 … 大さじ1

作り方

1. シイタケは石づきを切り落とし、縦4つ割に切る。シメジは石づきを切り落とし、1本ずつにしておく。マイタケは食べやすい大きさに切る。エノキは石づきを切り落とし、半分の長さに切り、下の部分は手で裂いておく。
2. 冷たいフライパンに1のキノコを入れ、大さじ2の水とタカノツメを加えて蓋をし、中火にかける。7分ほどしたら蓋を取って混ぜ、残った水分を飛ばし、Aを加える。更に中火で加熱し、水分が無くなってきたらゴマ油を加える。保存容器に入れ、冷蔵庫で保存する。

きのこの甘酢漬け

市販のすし酢を利用した、簡単甘酢漬け。
ちょっとした箸休めに便利です。
(料理／野永喜三夫)

材料(作りやすい量)

シイタケ … 1パック(6枚)
マイタケ … 1パック(100g)
エリンギ … 100g
すし酢(市販品) … 200g
レモン(薄切り。種を取り、
　4等分に切っておく) … 1枚分
タカノツメ … 1/2本

ポイント
レモンの代わりに黄柚子の皮や柚子コショウ
(その場合はタカノツメは加えない)を加えて
もおいしい。

作り方

1. シイタケは石づきを切り落とし、縦4つ割に切る。マイタケは食べやすい大きさに手で裂く。エリンギは縦4〜6枚に切る。
2. 冷たいフライパンに1のキノコを入れ、大さじ2の水を加えて蓋をし、中火にかける。5〜7分ほどしたら蓋を取り、水分が残っていれば箸で混ぜながら水気を飛ばす。すし酢を加え、ひと煮立ちしたらレモンとタカノツメを入れて火を止め、常温まで冷ます。
3. 保存容器に入れて保存する。1日以上おいてから食べる(冷蔵庫で1週間は保存できる)。

きのこのトマト味噌煮 カレー風味仕立て

夏野菜で作る和風ラタトゥユの秋冬バージョンです。たっぷりのキノコを、グルタミン酸の旨みが凝縮したトマト味噌で煮込みます。

（料理／野永喜三夫）

材料（作りやすい量）

- シイタケ … 1パック（100g）
- シメジ … 1パック（100g）
- マイタケ … 1パック（100g）
- エリンギ … 100g
- ナメコ … 100g
- **トマト味噌**
  - トマト … 500g
  - 合わせ味噌 … 50g
  - 和風だしの素（顆粒） … 小さじ1/2（3g）
- カレールー … 15g
- 粉チーズ（好みで）… 少量
- 三つ葉（好みで）… 少量

ポイント

- カレーの味を加えることで、味が締まる。
- このまま食べても、パンを添えたり、パスタやうどんなどの麺に合わせてもおいしい。

作り方

1. トマト味噌を作る。トマトはヘタの部分をV字に切り取り、ザク切りにしてミキサーに入れ、合わせ味噌と和風顆粒だしを加えて撹拌する（ab）。
2. シイタケは石づきを切り落とし、縦4つ割に切る。シメジは石づきを切り落とし、1本ずつにほぐす。マイタケは食べやすい大きさに手で裂く。エリンギは縦4枚ほどに切る。
3. フライパンに2のキノコを入れて（c）、大さじ2の水を加え、蓋をして中火に約6分かける。
4. 3のキノコがしんなりしたらナメコを入れ（d）、カレールーと1のトマト味噌を入れて混ぜる（ef）。好みの煮詰め加減になれば、火を止める。
5. 器に盛り、好みで粉チーズをふり、三つ葉などの青みを添える。

ミックス[和食]

きのことじゃこの和風チャーハン

ミックス［和食］

きのこと豚ばら肉の炊き込みご飯

きのこの沢煮椀

きのことじゃこの和風チャーハン

炒めるときに油を使わなくても、パラパラの仕上がりになります。
キノコとじゃこを最初に空煎りすることで、
余分な水分を飛ばして臭みを除き、香ばしい香りに変えるのがポイント。
(料理／野永喜三夫)

材料（2人分）

シイタケ … 2個
エリンギ … 2本
マイタケ … 1/2パック
ちりめんじゃこ … 30g
ご飯（冷やご飯）… 400g
卵 … 2個
かつお節 … 3g
塩 … 少量
醤油 … 大さじ1
ゴマ油 … 大さじ1
黒コショウ（好みで）… 少量
アサツキ（または長ネギ）… 少量

作り方

1. シイタケ、エリンギ、マイタケは大きさをだいたい揃えて小角切りにする。
2. 冷たいご飯をボウルに入れ、溶いた卵とかつお節、塩を加えてよく混ぜ合わせる(a)。
3. フライパンに1のキノコを入れて中火にかけ(b)、塩を少量ふり、空煎りして水分を飛ばす。
4. キノコがしんなりしてきたらじゃこを加え、更に空煎りする(c)。
5. 香ばしい香りが立ってきたら、2のご飯を入れて広げ(d)、そのまま少しおいてから箸で混ぜる(e)。パラパラになってパチパチと音がしてきたら、仕上げに醤油とゴマ油を鍋肌から加えて混ぜる(f)。味を確認し、好みで塩や黒コショウで味を調える。
6. 器に盛り、小口切りにしたアサツキを添える。

ポイント

じゃこを空煎りすることにより、生臭みが飛ぶ。

きのこと豚ばら肉の炊き込みご飯

キノコと豚バラ肉の旨みのおかげで、間違いなくおいしくできます。
（料理／野永喜三夫）

材料（作りやすい量）

シイタケ（大）… 4個（約100g）
シメジ … 約100g
エノキ … 約100g
豚バラ肉（スライスを8等分に切る）
　　… 160g
塩 … 小さじ1/2
A
　だし汁 … 600g
　醤油 … 大さじ1
　みりん … 大さじ2
　塩 … 小さじ1/4
米 … 3合
三つ葉（あれば）… 少量

作り方

1. シイタケは石づきを切り落として軸を切り取る。軸は手で縦に裂き、カサは厚みを3等分に切ってから、せん切りにする。シメジは石づきを切り落とし、1本ずつにする。エノキは石づきを切り落として半分の長さに切り、下の部分は手で裂いてほぐしておく。
2. 冷たいフライパンに1のキノコと豚肉を入れ、塩を加えて中火にかける。ときどき混ぜながら、パチパチと音がしてきておいしそうな焼き目がつくまで炒める。
3. 炊飯器の内釜にといだ米を入れ、Aを加えて箸で平らになる。上に2を入れ、具を平らにならし（米とは混ぜない）、炊き上げる。器に盛り、三つ葉を添える。

きのこの沢煮椀

せん切りにした具材で作る沢煮椀。寒い季節におすすめです。
（料理／野永喜三夫）

材料（2人分）

シイタケ（大）… 2個
エノキ … 50g
エリンギ … 50g
ナメコ … 50g
豚バラ肉（スライス）… 100g
だし汁 … 400g
塩 … 小さじ1/2（2.5g）
生姜（すりおろし。好みで）… 少量
三つ葉（好みで）… 少量

作り方

1. シイタケは石づきを切り落として軸を切り取る。軸は手で縦に裂き、カサは厚みを3等分に切ってから、せん切りにする。エノキは石づきを切り落として半分の長さに切り、下の部分は手で裂いてほぐしておく。エリンギは5mm角、3cm長さのスティック状に切る。豚肉は5mm幅に切る。
2. 冷たいフライパンに1のキノコとナメコ、豚肉、だし汁、塩を合わせて箸で軽くほぐしながら中火にかける。ひと煮立ちして、素材に火が入ったら味を確認する。
3. 器に盛り、好みでおろし生姜と三つ葉を添える。

野永喜三夫（のなが きみお）

1972年生まれ。「株式会社 菊乃井」での日本料理の修業を経て、「日本橋 ゆかり」の三代目若主人となる。「日本橋 ゆかり」は、親子三代にわたり宮内庁への出入りを許された老舗名門店。2002年『料理の鉄人 JAPAN CUP02』で総合優勝。NYタイムズ紙において日本を代表する若手料理人として選出され、「世界の料理人」として認められた第一人者。2015年7月イタリア・ミラノ万博で日本代表として日本料理を披露。雑誌やテレビなどさまざまなメディアや海外での活動も多く、幅広い分野で活躍中。伝統を守りながらも、新しい日本料理を発信し続けている。

【 日本橋 ゆかり 】
東京都中央区日本橋 3-2-14
TEL　03-3271-3436

谷 昇（たに のぼる）

1952年東京都新宿区生まれ。専門学校在学中よりアンドレ・パッション氏率いる六本木「イル・ド・フランス」で働きはじめ、そのまま就職。24歳で渡仏。帰国後、レストランのシェフや調理師学校講師を経て、37歳で再度フランスへ。アルザス「クロコディル」「シリンガー」などで働く。帰国後、六本木「オーシザーブル」などを経て、1994年に「ル・マンジュ・トゥー」のオーナーシェフに。2006年に改装リニューアル。2012年、辻静雄食文化賞専門技術者賞を受賞。

【 ル・マンジュ・トゥー 】
東京都新宿区納戸町 22
TEL 03-3268-5911

佐藤 護（さとう まもる）

1967年東京都生まれ。東京・青山の「ローマ・サバティーニ」で伝統的なローマ料理を習得し、1997年に渡伊。約4年半の間にローマ、ロンバルディア、サルデーニャなどイタリア各地の14軒のレストランで研鑽を積む。2001年に帰国後、「オ プレチェネッラ」（神奈川・横浜）、「リストランテ カシーナ・カナミッラ」（東京・中目黒）でシェフを務め、2013年に独立、「トラットリア・ビコローレ・ヨコハマ」（神奈川・横浜）をオープン。伝統的な技法を大切にした料理を提供し、多くのファンに愛されている。

【 トラットリア・ビコローレ・ヨコハマ 】
神奈川県横浜市西区平沼1-40-17
モンテベルデ横浜 101
TEL 045-312-0553

菰田欣也（こもだ きんや）

1968年東京都生まれ。大阪あべの辻調理師専門学校へ入学。授業にて陳建一氏と出会う。1988年赤坂四川飯店へ入社。陳氏のもとで修業を始める。2001年、セルリアンタワー東急ホテル内スーツァンレストラン陳渋谷店の料理長に就任。2004年第5回中国料理世界大会へ出場。個人熱菜部門において、日本人初の金賞を受賞。2009年日本中国料理協会「陳建民中国料理アカデミー賞」、2011年「東京都優良調理師知事賞」を受賞。2012年四川飯店グループ取締役総料理長就任。2014年公益社団法人日本中国料理協会専務理事に就任。現在総料理長の他専門学校や料理教室の講師も務め、イベントや料理番組等にも多く出演するなど、幅広く活躍している。著書に『菰田欣也の中華料理名人になれる本』（柴田書店刊）他がある。

【 szechwan restaurant 陳 （スーツァンレストラン ちん）】
東京都渋谷区桜丘町26-1　セルリアンタワー東急ホテル2F
TEL　03-3463-4001（予約専用）　FAX 03-3476-3017
http://www.srchen.jp

使えるきのこレシピ
― 旨み、食感、色、香り。持ち味を活かす和・洋・中104品 ―

初版印刷　2016年12月20日
初版発行　2017年1月5日

著者ⓒ　野永 喜三夫（のなが きみお）
　　　　谷 昇（たに のぼる）
　　　　佐藤 護（さとう まもる）
　　　　菰田 欣也（こもだ きんや）

発行者　土肥 大介

発行所　株式会社柴田書店
　　　　東京都文京区湯島 3-26-9　イヤサカビル　〒113-8477
　　　　電話　営業部　　03-5816-8282（注文・問合せ）
　　　　　　　書籍編集部 03-5816-8260
　　　　URL　http://www.shibatashoten.co.jp

印刷・製本　図書印刷株式会社

本書掲載内容の無断掲載・複写（コピー）・引用・データ配信等の行為は固く禁じます。
乱丁・落丁本はお取替えいたします。

ISBN978-4-388-06258-4
Printed in Japan